社交媒体研究十讲

数字传媒研究前沿丛书

总主编 陈龙

赵云泽 / 主编

Digital Media Research Frontier Series

苏州大学出版社
Soochow University Press

图书在版编目(CIP)数据

社交媒体研究十讲 / 赵云泽主编. --苏州：苏州大学出版社，2024.6
（数字传媒研究前沿丛书）
ISBN 978-7-5672-4374-3

Ⅰ.①社… Ⅱ.①赵… Ⅲ.①数字技术-应用-传播媒介-研究 Ⅳ.①G206.2-39

中国国家版本馆 CIP 数据核字（2024）第 055200 号

书　　名：	社交媒体研究十讲
主　　编：	赵云泽
责任编辑：	施小占
装帧设计：	吴　钰
出版发行：	苏州大学出版社（Soochow University Press）
社　　址：	苏州市十梓街 1 号　邮编：215006
印　　装：	镇江文苑制版印刷有限责任公司印装
网　　址：	www.sudapress.com
邮　　箱：	sdcbs@suda.edu.cn
邮购热线：	0512-67480030
销售热线：	0512-67481020
开　　本：	787 mm×1 092 mm　1/16　印张：11.75　字数：249 千
版　　次：	2024 年 6 月第 1 版
印　　次：	2024 年 6 月第 1 次印刷
书　　号：	ISBN 978-7-5672-4374-3
定　　价：	49.00 元

凡购本社图书发现印装错误，请与本社联系调换。服务热线：0512-67481020

赵云泽

　　赵云泽，教育部青年长江学者，中宣部宣传思想文化青年英才，中国人民大学吴玉章特聘教授、博士生导师，国家社科基金重大项目首席专家，中国人民大学新闻学院党委委员、学术委员会委员，中国新闻史学会常务理事、党报党刊研究委员会副会长，《新闻春秋》杂志副主编。研究集中于中外新闻史、情绪传播、新媒体、网络舆论、新闻发布、政治传播、品牌传播等方面。已在国内外顶级期刊上发表中英文论文90多篇，其中多篇被《新华文摘》《中国社会科学文摘》《人大报刊复印资料》全文转载；已出版中文著作7部、英文著作1部；主持多项国家社科基金、教育部社科基金、北京市社科基金及国家大型企业研究课题；参与的教学项目获得"国家级教学成果奖二等奖"、北京市教学成果奖一等奖；专著《作为政治的传播——中国新闻传播解释史》获第八届教育科学研究优秀成果奖二等奖，论文《中国上古时期的媒介革命："巫史理性化"与文字功能的转变及其影响》获第九届教育科学研究优秀成果奖三等奖；主讲课程获评国家级一流课程。

前 言
PREFACE

事实上人类社会的一条腿已经跨入"元宇宙"社会，我们已经开启了数字化的生存，社交媒体已经真正成为我们人体的延伸，在社会生活中必不可少。

作为现实生活与新闻传播学研究中的重要议题，关于社交媒体的研究成果层出不穷，这些著作、文章基数庞大，让众人无所适从。这样的状况不利于大家对社交媒体的理解与恰当使用，同时也不利于初学者的入门。为此，本教材从社交媒体的基本概念出发，对社交媒体的发展历程进行详细梳理，选取典型的社交媒体进行深度剖析，并以此拓展开来，对社交媒体上的典型问题及其嵌入社会后的影响、未来发展趋势等方面做深入探讨，从而为读者提供有关社交媒体研究的基本框架。

我们认为社交媒体是通过互联网的渠道进行信息发布、社交互动和商业交易，并与他人在交往中获得价值的媒介。它彻底改变了人们接触资讯的习惯，排斥非平等、被动的状态，建构起以"人"为主体的社会网络与公共空间。其发展与演进是新技术加持与"人"的需求双重动力作用的结果，沿着提升人的主体性及拓展连接边界的方向演进。其中社交媒体底层支撑的基础之一——算法的自由组合形塑着社交媒体的不同形态与"性格"，这些基于技术可供性的差异，塑造了相对"开放"与"封闭"的线上社区，同时也为社交媒体上的迥异传播风格埋下伏笔。此外，社交媒体对主体性的不断提升，还营造了中国媒介文化中浓郁的后现代主义气息，突出表现为：摆脱"理性"的"媒介交往"，媒介中主体性的"矮化"和"消解"，解构"深度""宏大""真理（知识）"叙事的传媒变革，等等。

当然，社交媒体在给人际交往与信息传播带来巨大变革的同时，也带来了相应的社会风险。尤其是在算法主动介入传播——个性化推荐算法兴起之后，"信息茧房"成为社会关注的焦点，我们认为，除了技术的修正，基于社交的"信息偶遇"同样是应对该问题的重要解决方案。此外，社交媒体上还存在着个人信息披露带来的潜在风险，如侵害个人隐私、社会言论自由、社会信任，降低社交媒体活跃度等问题。对此，需要从社会系统角度出发，诉诸多部门的共同协调解决。再有即是当下较为关心的社交媒体中的情绪传播问题，教材从源头出发，厘清了情绪传播的本质，梳理了社交媒体中情绪传播的影响机制，并重点对社会中恐慌情绪的蔓延给出了纾困之道。

我们还关注了社交媒体在人际交往和信息传播功能以外的更加凸显的商业属性。在社交媒体上，用户不仅仅将社交媒体视为信息的传播中介，同时还在社交媒体的庞大流量场域中获取内容变现后的收益，我们对社交媒体的商业变现模式进行了梳理和深入剖析。

我们还对社交媒体的未来发展趋势做了延伸性的思考，社交媒体作为承载数字身份和资产的应用，将是连接虚拟社会与现实世界的重要节点。多元主体社交模式变革、沉浸式社交体验与虚拟社交资产聚合将推动社交媒体更加融入个人的日常生活，同时也将进一步以数字技术的形式"驯化"人类的数字化生存方式。

在编写中，我们以研究问题为导向，每一讲从社交媒体上的常见现象切入，并逐层解析，深入探讨问题的本质，从而拉近学术研究与生活的距离。本教材覆盖了定性研究与定量研究的多样化研究方法，较为全面地向研究生展示了如何切入问题，科学、巧妙地进行研究设计，以及不同研究方式的特色及其之间的差异，是学术入门的良好读本。

"社交媒体研究十讲"从多年的研究成果中精选内容集纳而成，收录了讲座讲稿、已发表文章、业界观察报告的精选部分，并进行了进一步的梳理和思考，以期形成一个对社交媒体理解的基本框架，但它仍然只是提供了对社交媒体初步的认知，对社交媒体的研究仍期待方家更进一步的成果。

目 录
CONTENTS

- **第一讲　社交媒体的概念与新媒体革命** / 1
  - 第一节　"社交媒体"概念界定与本质属性 / 3
  - 第二节　传统型媒体的衰落与新媒体兴起 / 7
- **第二讲　社交媒体发展历程** / 15
  - 第一节　BBS、论坛的兴衰历程 / 17
  - 第二节　博客的繁荣与没落 / 20
  - 第三节　微博崛起与式微 / 22
  - 第四节　微信发起线上连接的革命 / 24
  - 第五节　视频媒体勃兴 / 26
  - 第六节　泛化的社交媒体 / 29
- **第三讲　社交媒体的"信息茧房"与"信息偶遇"** / 33
  - 第一节　算法分发与"信息茧房" / 35
  - 第二节　"信息偶遇":信息获取的平衡态 / 38
  - 第三节　"信息偶遇"破解"信息茧房"的视角 / 40
  - 第四节　"信息偶遇"破解"信息茧房"具体可实现的路径 / 42
- **第四讲　当下中国网络话语权的社会阶层结构分析** / 49
  - 第一节　中国社会的阶层结构与话语权 / 51
  - 第二节　中国网络话语权的社会阶层结构分析 / 55
  - 第三节　各阶层网络话语权及其矛盾表现 / 59
- **第五讲　社交媒体分发算法演进与传播生态变革** / 65
  - 第一节　社交媒体发展与算法更迭 / 67
  - 第二节　社交媒体演进与传播生态变革 / 70

第六讲　社交媒体风险社交研究　/ 79

第一节　社交媒体风险社交概念界定　/ 81

第二节　社交媒体风险社交发生原理　/ 83

第三节　社交媒体风险社交的危害　/ 89

第四节　社交媒体风险社交的预防与治理　/ 92

第七讲　社交媒体中的情绪传播　/ 97

第一节　社交媒体中情绪传播的基本原理　/ 99

第二节　社交媒体情绪传播的影响机制　/ 101

第三节　社交媒体中的恐慌情绪螺旋　/ 109

第八讲　后现代主义视角下中国的媒介变革　/ 119

第一节　摆脱"理性"的"媒介交往"　/ 122

第二节　媒介中主体性的"矮化"和"消解"　/ 124

第三节　解构"深度""宏大""真理（知识）"叙事的传媒变革　/ 126

第四节　媒介革命背景下"国家—个人"对立关系的"消解"　/ 128

第九讲　社交媒体内容创作盈利模式　/ 133

第一节　内容创作付费　/ 135

第二节　品牌宣传收益　/ 144

第三节　推荐盈利：带货和在线广告（第三人）　/ 150

第十讲　元宇宙时代社交媒体的发展趋势　/ 161

第一节　元宇宙概念的提出与发展历程　/ 164

第二节　作为元宇宙入口的社交媒体的发展可能性　/ 166

第三节　元宇宙背景下未来社交媒体发展趋势　/ 170

主要参考文献　/ 173

后　记　/ 178

第一讲
社交媒体的概念与新媒体革命

社交媒体是通过互联网的渠道进行信息发布、互动和自我呈现，并在与他人互动的感知中获得价值的互联网平台。社交媒体的出现改写了媒体的历史形态，将社交和媒体的属性有机地融合起来，使其更加嵌入人的生活之中，真正成为人体的延伸。同时，社交媒体的出现，也会冲击传统媒体，无论是传播理念、传播内容还是传播的渠道都颠覆了传统媒体的形态，使传统媒体进入结构性衰落的历史轨道。

第一节 "社交媒体"概念界定与本质属性[①]

一段时间内，在中国学者的著述当中，尤其在博（硕）士的学位论文当中，对应"Social Media"的概念，出现了两种不同的中文翻译，一个是"社会化媒体"，一个是"社交媒体"；或者把这两个中文的概念都翻译成"Social Media"。这样的翻译是否妥当？对这个问题的梳理非常紧迫而且必要。

显然"社会化媒体"和"社交媒体"的概念都是从西方翻译引进的。一些翻译过程中的错讹也可能导致中文概念的混淆和滥用。因此，我们首先认为，对相关单词的英文原意进行溯源很有必要。

一、西方学术界中关于"Social Media""Social Network Sites""Social Networking Sites""Online Social Networks"的定义与使用

"社交媒体"和"社会化媒体"最初都是从"Social Media"这个英文表达直译过来的。那么英文文献中原本的"Social Media"及与此相关的概念究竟是什么含义呢？

1. 西方学者关于"Social Media"引用比较多的定义

Social media is "a group of Internet-based applications that build on the ideological and technological foundations of Web 2.0, and that allow the creation and exchange of User Generated Content"[②].

显然，这里更强调的是在 Web 2.0 的理念和技术的基础上，用户可以进行内容生产和内容交互的一类互联网媒体。西方学术界中关于 Social Media 的使用比较宽泛。实际上，对应中文语境中的新媒体形态发展来看，博客、播客、维基百科、百度百科、论坛、人人网、开心网、微博、微信等都具有这样的功能，都属于"Social Media"。

[①] 本节内容参见：赵云泽，张竞文，谢文静，俞炬昇．"社会化媒体"还是"社交媒体"——一组至关重要的概念的翻译和辨析 [J]．新闻记者，2015（6）：63-66．

[②] Kaplan Andreas M., Haenlein Michael. Users of the world, unite! The challenges and opportunities of social media [J]. Business Horizons, 2010, 53 (1): 61.

2. 西方学者关于"Social Network Sites"引用比较多的定义

Social network sites are web-based services that allow individuals to (1) construct a public or semi-public profile within a bounded system, (2) articulate a list of other users with whom they share a connection, and (3) view and traverse their list of connections and those made by others within the system.①

这里强调的是基于互联网提供服务的媒体，可以使个人（1）通过特定有限的系统建立一个公开或者半公开的个人描述或者简历，（2）建立一个互相联系和分享（内容）的用户（朋友）圈，（3）在这个系统内可以在自己的用户（朋友）圈内互相穿梭浏览各自的关系（和内容）。显然"Social Network Sites"功能要比"Social Media"更多，更强调互动关系。在中文语境中，人人网、开心网、微博、微信才具有这样的功能。在英文文献中，Facebook 和 Twitter 是典型的"Social Network Sites"。

"Social Network Sites"和另一个术语"Social Networking Sites"经常被人们不加分别地用来指代"社交媒体"。当然也有人比较在意他们之间的分别。比如 Boyd 和 Ellison（2008）在定义"Social Network Site"的时候，他们在文章里说"Networking"强调"Relationship Initiation"，指这种关系往往是陌生人之间的。②

但是随着移动互联网的发展，社交媒体越来越脱离"网站（Sites）"的概念，因此，也有一些学者针对主要倚重于移动互联网的社交媒体开始使用"Online Social Networks"的概念。针对中国目前一些越来越淡化 PC 使用的社交媒体，如微信、陌陌、易信等，可能"Online Social Networks"指代更贴切些。

3. 西方学术界还有另一个概念"Sociable Media"

按照西方学者的观点，"Sociable Media"是指"所有能够促进人们传播并形成人们关系的媒介，如几千年前就有的信件"③。西方学者目前正在研究的是数字化形势下这种媒介的发展形态。显然，将"Sociable Media"翻译成"社会化媒体"或者"社交媒体"也是不准确的，反之亦然。

从上述回顾中我们可以看出，"Social Media"的指代范围要比"Social Network Sites""Social Networking Sites""Online Social Networks"大，并且包含后者，后面这三个英文概念都包含"Social Network"，都更强调了"互动"和"社交网络"的属性，但也有各自不同的强调方面。

---

① Danah M. Boyd, Nicole B. Ellison. Social network sites: definition, history, and scholarship [J]. Journal of Computer-Mediated Communication, 2008, (13), 210.

② Danah M. Boyd, Nicole B. Ellison. Social network sites: definition, history, and scholarship [J]. Journal of Computer-Mediated Communication, 2008, (13), 210.

③ Donath, Judith. Sociable media [J]. Encyclopedia of Human-Computer Interaction, 2004 (2): 629.

二、带有"中国痕迹"的错译:"社会化媒体"

"Social Media"一词最早出现在美国学者安东尼·梅菲尔德(Antony Mayfield)于2007年出版的著作 *What Is Social Media* 一书中。"Social Media"最初除了翻译为"社会化媒体"和"社交媒体"以外,还有翻译成"社会性媒体"的。[①] 随着人们对这类媒体理解的加深,学者们便不再使用"社会性媒体"这个译法,因为没有媒体是不具备"社会性"的。"社会化媒体"的翻译虽然也面临同样的问题——没有哪个媒体不是"社会化"的,不具备"社会化"还能叫"媒体"吗?但是当下中国(除港、澳、台地区)学界中,这个概念仍然非常流行并被广泛使用。截至2014年,仅中国博(硕)士学位论文库中,将"社会化媒体"翻译为"Social Media"的就有353篇;在中国期刊全文数据库(中国知网)中,将"社会化媒体"翻译为"Social Media"的就有323篇。甚至有的作者在同一篇文章中将"社会化媒体"和"社交媒体"不加区分地同时使用。

我们认为,"社会化媒体"的概念之所以在中国有如此顽强的生存能力,说明其一定有历史根源。

"社会化",到底是怎样的一种含义呢?《辞海》中关于"社会化"的解释是:指经过个体与社会环境的交互作用而实现的发展自我、改变自我的过程。这里有两个方面的含义:一是指个人学习社会的知识、技能和规范,取得参与社会生活的资格,发展自己的社会性的过程;二是指社会按其文化价值标准把一个新生儿培养、教化并塑造成符合社会要求的社会分子的过程。内容包括生活技能、社会价值、道德规范、理想目标及预期的社会角色的教育和培养。显然无论我们怎样引申,都很难将《辞海》中关于"社会化"的含义用在我们指代 Twitter、Facebook、微博、微信这些新媒体上。

我们试图理解最初将这一概念翻译为"社会化媒体"的学者的用意,以及跟随者认可的理由。1956年后中国的媒体基本上是国营的媒体,完全由政府管控。此后,政府和社会似乎界限比较明确。网络新媒体出现以后,这些媒体区别于国家管控的媒体,由集纳社会资本的民间人士创办,且社会民众广泛参与。因此,有学者可能把"Social Media"翻译成"社会化媒体",以此来区别于国营的媒体。这似乎是一个符合中国历史逻辑和现实观照的翻译。但仔细想来经不起推敲,如果按照这样的逻辑,这类基于互联网的新媒体显然不是"Social Media",而应该叫作"民间媒体"。显然,在西方国家产生的"Social Media",更多指代的是 Facebook、MySpace、Digg、Twitter、JISC[②]等这

---

① 曹博林. 社交媒体:概念、发展历程、特征与未来:兼谈当下对社交媒体认识的模糊之处[J]. 湖南广播电视大学学报, 2011(3): 65-69.

② Sitaram Asur, Bernardo A. Huberman. Predicting the Future With Social Media [C]. IEEE/WIC/ACM International Conference on Web Intelligence and Intelligent Agent Technology, 2010.

些基于互联网的新兴媒介，它丝毫没有强调其"民间性"的特征。在互联网出现之前，西方国家的媒体早已经以民办为主了，根本没有必要新造一个词强调这一点。因此，"Social Media"的原本含义中根本没有上述这种"中国痕迹"。

三、"社交媒体"的概念更能揭示这类新媒体的本质属性

"社交"即社会上的人际交往，其核心内容正是人们各自的信息及思想、感情的交流，它是具有一定公开性的沟通活动。基于 Web 2.0 的新型媒介风靡全球，正是因为它满足了人们对社交便利的渴望。社交中最基本的要素是信息沟通和情绪管理。这种新型媒介作为便捷、廉价的沟通工具使得社交的成本极大降低，信息沟通不再是问题。同时拥有的越来越人性化的人机交互界面及丰富的表情符号设计等，使得这种新型媒介在情绪管理方面也具有非常突出的优势。甚至对于一些人来说，通过新型媒介沟通的效果超过了线下沟通的效果。

约瑟夫·瓦尔特指出，"与面对面的互动行为相比，网络人际传播在某些情况下超越了人际互动中的正常情感范畴"[①]。他的"超人际模型"理论在一定程度上能够解释为什么这种媒介能够风靡全球，甚至一些人宁愿网上交流也不愿意线下交流。他认为，在网络沟通中，一是当视觉线索缺失时，讯息发送者通过选择性自我展示进行印象管理，侧重表现自己好的一面。二是以文本为主导的传播信道有利于传播速率和节奏的控制，便于对所要传播讯息的精心整饰。三是由于可供判断的线索单一，讯息接收者很容易将对方理想化，造成对吸引力的过度归因。四是接收者由于理想化而发出的积极反馈促进了交流的持续进行，形成了"行为上的确认"和"认知夸大"的循环。[②] 我们看到，这种新型媒介是如此贴心地为人们的社交需求服务。在这一点上，称其为"社交媒体"也要比"社会化媒体"贴切许多。

此外，从当前中国最流行的"Social Media"——微信、微博、陌陌、易信来看，这些媒体的演变历程和特征，的确是具有中文语义中"社交"和"媒体"两方面基因的。

中国人早先接触的网络沟通软件如 QQ、MSN 等，是人们免费交流的工具，也可以形成一定的社交网络，但因其公开传播的功能比较弱，所以还不具备"媒体"的功能。其后，论坛、博客兴起，这些平台具备了公开传播的媒体性质，吸引了大批学者和文化工作者的参与，突破了官方垄断主要媒介的形态，[③] 同时具备了 Web 2.0 的特征，可以

---

① Walther, J. B. Computer-mediated communication: impersonal interpersonal and hyperpersonal interaction [J]. Communication Research, 1996, 23 (1), 3-43.

② Walther, J. B. Computer-mediated communication: impersonal interpersonal and hyperpersonal interaction [J]. Communication Research, 1996, 23 (1), 3-43.

③ 赵云泽. 网络舆论工具兴替背后的逻辑 [J]. 青年记者，2014 (15): 1.

留言互动,可以进行人际交流,并形成社交网络,这类媒体已经属于"Social Media"的范畴了。但是这种媒体越来越发展成为社会知名人士个人的"一对多"的媒体,不能够满足人们更强烈的社交需求。因此,它们很快被新型的社交媒体所取代了。"微博"较为成功地弥合了媒体"公共传播"和"社交"这两方面的功能;"微信"则嫁接在QQ和手机联系人的强关系之上形成了新的媒介形式,既可以聊天、自我展示、拓展关系,具有很强的"社交"功能,又能够发布信息,各个朋友圈交叉重叠从而覆盖整个社会,形成"社交"和"媒体"两方面功能都非常强大的新媒体,成为当下中国颇为流行的"Online Social Networks"。因此,将这类平台或软件翻译为"社交媒体",虽概括地有点宽泛,但是贴合中文语义,符合其本质属性。

综上,将"社交媒体"和"社会化媒体"混用是不妥当的。"社会化媒体"是一个较含糊、不准确的概念,今后应该弃之不用。

本教材赞同卡尔(Carr)和海斯(Hayes)基于以上定义的缺陷给出的有关社交媒体的定义,即社交媒体是通过互联网的渠道,无论是实时的还是异步的,允许用户有机会进行互动和有选择地进行自我呈现,受众从用户生成的内容和与他人互动的感知中获得价值的互联网平台。[1] 我们对其定义进行优化,可以表述为,社交媒体是通过互联网的渠道进行信息发布、互动和自我呈现,并在与他人互动的感知中获得价值的互联网平台。该定义有效区分了社交媒体与其他互联网应用服务或系统的区别,如邮件、门户网站等,同时也将不同阶段的互联网社交媒体涵盖其中,如 Web 1.0 阶段的 BBS(Bulletin Board System,电子公告板或电子公告栏,也可称为"论坛"),Web 2.0 阶段的博客、微博、人人网、微信等。

第二节 传统型媒体的衰落与新媒体兴起[2]

是什么使得传统型媒体[3]如此迅速走向衰落?仅仅是技术原因吗?如果是的话,为什么多数传统型媒体转变为数字化出版,或者进行全媒体经营后仍然不能避免衰落?即使推出社交媒体的版本,也无济于事?多数传统型媒体只要找到适合的转型之路就会生存下来吗?我们的回答是,多数传统型媒体将面临衰落甚至衰亡。我们将对这个问题进行深层次的剖析。

---

[1] Carr, Caleb T., Hayes, Rebecca A. Social media: defining, developing, and divining [J]. Atlantic Journal of Communication, 2005, 23 (1), 46-65.

[2] 本节内容参见:赵云泽. 传统型媒体衰落的结构性原因 [J]. 新闻记者, 2014 (11): 17-21.

[3] "传统型媒体"在本书中主要是指在传播方式上主要依赖于"单向传播""以点对面",互动性较差,存在时间较为悠久的报纸、杂志、电视台、电台等类型的媒体。

▶▶ 一、多数传统型媒体成了冗余的资讯生产机构

"信息论"的提出者指出，信息是不同于"物质""能量"的另外一种存在形式。因此，其特点是信息经传播后并不会减少（甲传播给乙信息，并不会使甲的任何信息减少），同时人与人之间的信息交流还会使信息增值。在交流中，双方通过信息交换，使各自的信息占有量同时增加。与此同时，交流的过程可能会给人带来一些启发、灵感和联想，此时信息用户可能会产生新的信息需求，这为新的对话提供基础。由此可见，信息交流不仅是传递信息，而且是创造信息的过程。① 因此，信息传播技术迅速发展的结果是信息量迅猛地增长，从这个意义上讲，信息传播工具本身也是信息生产工具（这同麦克卢汉的"媒介即信息"的观点强调的侧重点不同）。

正是由于信息具有以上特点，以卫星电视传输技术和互联网技术为代表的新型信息传播技术兴起后，人类接受信息的地域、时效限制被彻底突破了，人们能够接触到的媒体忽然变得多了起来，远远超过了需求。

以中国的电视台为例，在卫星电视普及之前，出现过"四级办台"的模式，即中央级、省级、市级和县级电视台体制。这样的模式下，对于一个生活在县城里的居民而言，意味着多数情况下只能接收到四级电视台的节目。但卫星电视传输技术普及以后，这种情况发生了颠覆性的改变，他们将会收到比以往多十倍以上的电视台节目。在各个省级卫视节目都能尽收眼底的情况下，市级、县级电视台以它们的资金实力、技术水平和节目质量，如何能够存活下来？即使是省级卫视，在中国也显得有些多了，具体表现为同质化的节目轮番上演。

互联网技术兴起后，这种情况更为凸显。以往市场竞争的结果也许是"一城一报""一城几台"，但在互联网上，我们将可以接触到成百上千家报纸、电视台、电台，还有无数家以此为基础的、提供内容归类呈现和检索的门户网站和搜索引擎。

谁都不会有如此多的精力去消费如此多的资讯。在资讯产量过剩的情况下，一个传统型媒体试图通过数字化出版，或者单纯地全媒体经营来改变现状，这在一定意义上是徒劳的，因为这只是转变了资讯传播的形式或者增加了资讯的传播量，而提高内容质量才是应对同质化竞争最有效的方式。人们只会选择内容做得最好的，或者接触最方便的几个媒体，其他的媒体则沦为冗余（这种情况在全国性的媒体中表现得尤为明显）。

再加上在大众传播辉煌时代（在不同的国家，这大概是20年到200年前的事情了）形成的"工业化生产新闻"的模式：重"量"而不重"质"，因为资讯的"量"多，可搭载广告的空间才大，"厚报"就是典型的代表。由于很难保证如此大量的内容都是精品，多数传统型媒体的内容冗长而粗糙，传媒庸俗化的现象正是这一模式的产物。人

---

① 鲍喆君.信息的增值原理及其经济价值计量研究 [J].情报杂志，2003（12）：8-9，12.

们疏远传统型媒体便成为情理之中的事情。

二、机构刻意维持的臃肿的传统型媒体

按照市场调节的逻辑，既然资讯产量过剩，多余的媒体自然会被淘汰，那么全国性或地区性的媒体只剩下合理的数量来承担公共传播的职能就完全可以了，为什么目前还存在如此多的传统型媒体？我们认为主要是机构为了继续发挥大众传播的附加功能，在其基本功能已经不能有效运行的情况下，仍不惜重金或不惜气力维持它们的存在。

传媒的基本职能是传播信息，进而发挥环境监测与社会守望的作用，这对于一个社会而言是至关重要的。但传媒在发挥基本职能时，随着人们对其传播规律的研究和开发，人们不断在大众传播的过程中附加各种其他功能。最典型的有"意识形态劝服""商业劝服""新闻寻租"。大众传播附加的"意识形态劝服"普遍存在于世界范围内，东方、西方皆如此。研究发现，当代西方党派主义和专业主义在新闻来源上存在相似之处，它们都过分依赖于官方信源，这进一步证明党派主义和专业主义水火不容是一种被误读的状态。"商业劝服"更是大众传媒的主要盈利途径，在大众传播的模式下，作为受众的我们只是用时间消费了"广告"，而同时接受了作为馈赠的"新闻"。公关业则更是将大众传媒视为改善企业同大众关系的主要工具，千方百计要予以利用。而媒体自身无论是自觉还是不自觉，都在进行着各种"新闻寻租"，"正义的"或"不正义的"，传媒业的丑闻不曾绝迹于新闻史当中，无论是西方还是东方。

正是由于这些附加功能的存在，机构认为附加功能的价值要远远高于大众媒体的基本职能，甚至视其基本职能只是一种工具或手段而已。这一点在世界范围内都普遍存在，如政府为了"意识形态劝服"的功能，不惜气力扶持倾向于自己的媒体；商业机构为了广告收入，甚或进行其他"新闻寻租"，不惜重金维持业已亏损的传统型媒体。

这种刻意的维持，使得传统型媒体不能进行自然淘汰，传统型媒体在个体和业态结构上都变得更加畸形，丧失活力，远离受众，优质内容也被湮没于劣质内容之中。

三、摆脱控制的"新媒体革命"

如图 1-1 所示，在大众传播模式中，作为受众的人是受着压迫、接受着"强制性选择"的。然而既然不能通过市场竞争的逻辑彻底改变这一模式，人们就要通过其他方式来寻求变革，人类社会的终极走向是趋于理性，新媒体技术为人们提供了进行媒介革命的契机。

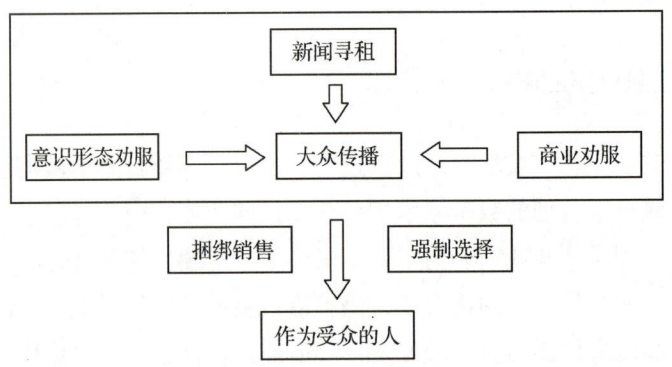

图 1-1 大众传播模式中附加功能

从 20 世纪末开始，传统型媒体的受众接触率、公信力就开始下滑。很多学者将这种状况归结为互联网时代的到来。但我们认为，除了技术原因之外，这次媒介革命中包含了更为重要的人文思潮，即一种后现代的人们反对工业化模式奴役的思想，在媒介革命中具体表现为反抗传统型媒体控制的思想。

当然，新兴互联网媒体也经历了"几代"的进化才逐步形成对传统型媒体的威胁，直至颠覆。

最早的一批社交软件，如 QQ、MSN，是人们免费远程交流的工具，还不能成为新媒体，对传统型媒体不构成威胁。其后，论坛、博客风靡一时。这些平台具备了媒体的性质，突破了机构对大众媒体话语权的垄断，形成了对传统型媒体的威胁，并分流了受众。这虽然是一个巨大的进步，却容易形成新的话语霸权，知名人士、学者、作家、知名娱乐界人士等的博客成为新的大众媒体，普通民众虽然也能"说话"，但听众寥寥无几。这同后现代主义中，"去中心化""去权威"的思想是不相符的。

在这一阶段中，门户网站构成了对传统型媒体最大的挑战。但是门户网站是沿袭传统型媒体经营路径的，试图依靠"内容发布＋广告"的模式来盈利，这注定了门户网站会受到商业主义的极大侵蚀，也注定了它们既不会靠此盈利，内容又不会发生质的变化，而是充当了一个资讯分类呈现的入口。但恰恰是这样一个入口形成了对传统型媒体的重大打击，人们获取资讯的各方面成本将因此而大大降低。此后，通过互联网获取资讯，成为越来越多的人的主要选择。

社交媒体的兴起，标志着人们进入 Web 2.0 的时代。解放话语的革命继续进行。Facebook、Twitter、人人网、开心网、微博具备了自媒体、交互工具的双重属性，既能发表信息，又能进行充分讨论。而且在形式上开始平等起来，并在"强关系"中发挥着重要的影响，意见交换开始更多地发生在具有相同或相似价值观的朋友、同学、共同兴趣爱好者等圈子当中。传播模式发生了变化，这开始对传统型媒体产生了颠覆性的影响，人们开始内容"自生产""自把关""自传播""自消费"，形成系统的信息传播和舆论生成系统，在公共议题设置方面也逐渐摆脱传统型媒体及门户网站的影响，甚至引导了传统型媒体和门户网站的议程设置，表现为众多传统型媒体记者开始在微博、论坛等新型媒体中寻找新闻线索。①

摆脱机构的控制和影响，一直是社交媒体在形态进化过程中被社会选择的一个重要因素。以中国的微信、陌陌、易信为例。相对微博而言，它们是社交媒体的又一次进化，因此这里称之为中国的"新新媒体"（这里我们是探讨其所呈现出来的传播模式和规律，并不是仅仅指涉这个产品的个案，假使这几款产品受某种原因的影响而失败，应该会有具备相同或相似传播模式的产品马上填补空白）。"新新媒体"的进化之一，在于将机构的影响关在了"笼子"里，即所有机构账号全部被关在一个"订阅号"的对话框中。而且，除非有朋友愿意将"订阅号"的内容分享到"朋友圈"，否则，"订阅号"的内容是不能被用户直接看到的。而此前，微博显然受到的商业侵蚀非常明显。"新新媒体"的进化之二，在于公共传播内容出现更加精致化的倾向，用户有望实现"严肃阅读"的回归（这是在大众传播泛滥的年代失去的美好事物），即人们可以用零星的时间来阅读这些社交媒体中的长文章，这些文章经过用户自己"朋友圈"的"把关"，文章价值观及深浅程度同用户的"朋友们"的水平相关，即你有什么样的"朋友圈"，就有什么样的"精彩"内容。而随着平台上内容的丰富，"自把关"模式是受"屏蔽机构"的影响，促进以单个用户为中心和评判标准的"高质量"文章获得传播的有效途径。"新新媒体"的进化之三，在于它的"朋友圈"基于"强关系"而存在，避免了冗余关系和信息的干扰；"朋友圈"基于共同价值观，实现了传播渠道和内容提供者有机融合，并且人人平等，没有微博中"大V"和"小粉"的区别。"朋友圈"的交叉重叠又覆盖了整个社会网络，公共传播部分成为一个有效的承载和传播资讯、舆论的"新新媒体"。这种"新新媒体"是能够以"人"为主体的，平等、自主、充满人情味地交流的②；同时实现了人与媒介的深度融合：人既是内容生产者，也是"把关人"，也是渠道，也是资讯消费者。而机构的每一条信息只有获得作为用户的真心欣赏，才能"解放"（发送）到"朋友圈"，所有"朋友圈"里的内容，都是大家在自主、自助性地把关后公开发表出来的，一定程度上趋向于人们自由、自主、理性地阅读分享（图1-2）。

---

① 赵云泽，韩梦霖. 从技术到政治：中国网络公共空间的特性分析［J］. 国际新闻界，2013，35（11）：73-87.
② 克莱·舍基. 未来是湿的［M］. 胡泳，沈满琳，译. 北京：中国人民大学出版社，2009.

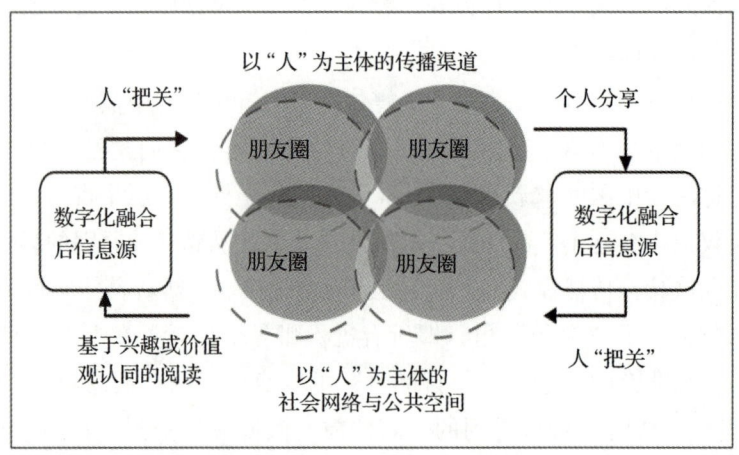

图 1-2 微信的公共传播模式

这种"新新媒体"的革命或许还没有结束,当前的社交媒体也还会伴随着经营及媒介环境的改变而变化。但是它对于传统型媒体的颠覆性影响在于,它已经彻底改变了人们日常接触资讯的习惯,在形式上排斥了非平等的传授,在价值观上排斥了被动接受和被改造的影响,在内容上降低了商业利用的风险,在接触的时间和空间成本上变成了最为便捷和低廉的"掌"握一切的移动互联网模式。它至少昭示着,大众传播的辉煌时代已经过去了,大众传播业走上了不可逆转的结构性衰退的轨道。

【思考题】

1. 社交媒体的本质是什么?
2. 社交媒体引发的"新媒体革命"是如何引发传统媒体的结构性危机的?
3. 当下专业媒体机构在社交媒体场域中的角色定位是什么?
4. 以人际关系为核心的新闻信息传播具有什么样的特点?

【推荐阅读书目】

[1] 克莱·舍基. 未来是湿的 [M]. 胡泳,沈满琳,译. 北京:中国人民大学出版社,2009.

[2] 哈贝马斯. 公共领域的结构转型 [M]. 曹卫东,等译. 上海:学林出版社,1999.

[3] 彭兰. 新媒体用户研究:节点化、媒介化、赛博格化的人 [M]. 北京:中国人民大学出版社,2020.

[4] 曼纽尔·卡斯特. 网络社会的崛起 [M]. 夏铸九, 王志弘, 等译. 北京: 社会科学文献出版社, 2006.

[5] 约书亚·梅罗维茨. 消失的地域: 电子媒介对社会行为的影响 [M]. 肖志军, 译. 北京: 清华大学出版社, 2002.

[6] 尼古拉斯·克里斯塔基斯, 詹姆斯·富勒. 大连接: 社会网络是如何形成的以及对人类现实行为的影响 [M]. 简学, 译. 北京: 北京联合出版公司, 2017.

第二讲
社交媒体发展历程①

---
① 本讲是在赵国宁博士论文《中国互联网媒介内容分发算法衍变研究》第三章,以及赵云泽《网络舆论工具形成背后的逻辑》的基础上改写、扩充而成的

社交媒体伴随着互联网的"交互"技术应运而生,从最开始作为便利沟通的工具,记录个人生活、发表个人见解的线上电子展示板,到当下作为社会生活的基础连接工具,形成互联网社会特有的线上社交文化,并渗透到形态各异的网络媒体当中。社交媒体的发展已经经历了几次更新迭代,一波波新形式的社交媒介工具在互联网的支撑下涌现,同时又有一批批社交媒介未能获得广泛的用户而消亡,当然,其中还伴随着某些"考古社交媒体"的复兴。个中缘由,须放置于社会语境中去考量分析。但纵观世界社交媒体的发展,从整体而言,社交元素以渗透的方式,迅速向所有的网络媒介形态扩张,线上的社交媒体不仅仅是当下人们线下社交的延伸,更超越了线下时空的掣肘,成为社会中作为"原子"的人与世界连接、与世界沟通的窗口和工具。

本讲将重点梳理社交媒体的发展历程,对不同阶段具有代表性的社交媒体的兴衰及媒介特点做详细解析,以期再现社交媒体发展的历史图景。

第一节 BBS、论坛的兴衰历程

论坛雏形起源于 BBS(Bulletin Board System),即电子公告板,其最早是以电脑为载体,用来公布股市价格等信息的线上信息发布系统。其中提供信息一方被称为"站长",获取信息一方被称为"用户"。

世界上最早的 BBS 系统是 1978 年 2 月 16 日,由芝加哥两位计算机专家沃德·克里斯滕森(Ward Christiansen)和兰迪·苏斯(Randy Seuss)开发出来的。[①] 在其后的发展历程中,根据电脑硬件设施的不同,专家们又开发出了基于苹果系统和大众系统的 BBS 程序。当下被广泛应用的 BBS 系统框架是建立在 1982 年 Capital PC User Group(CPCUG)的 Communication Special Interest Group 会员开发的,后经托马斯·马赫(Thomas Mach)整理的个人计算机系统的 BBS。1984 年,美国汤姆·詹宁(Tom Jonning)开发的 FIDO 程序使得站际连接成为可能,推动了 BBS 的网络化进程。

全球最早的 BBS 网络是 1984 年诞生于美国的 FidoNet(中文名称"惠多网")。中国最早的 BBS 网络是该网络的分支之一,称为 CFido,即"中国惠多网"。1991 年,台湾人罗依在北京开通了惠多网在中国的第一个站点——长城站。1994 年,中国(除港、澳、台地区)开通了第一个互联网 BBS 系统"曙光"。

不同于后期基于 HTTP 协议的互联网络——可以实现多人线上互动,BBS 系统主要基于 telnet 协议,需要用电话线连接调制解调器和计算机,并且一条电话线只能对应一

---

① 这套系统的英文全称是 Computerized Bulletin Board System,简称 CBBS。

个用户，占有设备和时间分配就显得十分宝贵，每个BBS网站都会根据用户的贡献或者活跃度来分配上线的时间。

彼时计算机、电话在中国并未普及，电话初装费用、使用费用及计算机价格都在万元以上。在全国人均可支配收入只有千元左右的20世纪90年代，"万元户"都极其稀少，更不用说要花费全家的储蓄去购置这些先进的设备了。另外，彼时网吧①也还未大量出现。再有就是连接网络、登录BBS系统、进行信息发布的计算机技能，在当时的中国也并未普及。中国最早的社交媒体有着极高的接近门槛，这导致BBS引入中国4年内一直不温不火。

1995年以后，上网、使用BBS的计算机及相关设备价格大幅下降，BBS网络才开始迅速发展，逐渐走进人们的视野，但也并不是如今意义上的全民普及，而是集中于海外归国留学生、IT行业高收入白领、高校教师和学生等群体。此时，大多数高校都有了自己的BBS网站。其中最具代表性的就是1995年8月8日成立的"水木清华"BBS，它是当时中国（除港、澳、台地区）第一个在线超过100人的"大型"BBS，是当时最有人气的BBS之一，也是中国高校网络社群文化的典型代表之一。

BBS系统高门槛的客观现实使得BBS网络中的信息既极具质量，同时又只有有限的传播影响力。当下很多互联网名人都是从BBS网络中走出来的，比如深圳Ponysoft站站长马化腾、珠海西线站站长求伯君、北京西点站站长雷军、蓝波福州站站长王峻涛等。"高知"的用户群体，让网络上的辩论十分精彩。志同道合者得以在此汇聚，群体的远距离互动的便捷性，让表达欲被限制已久的精英群体瞬间释放出来。高质量的信息互动，让BBS社交媒体时期的互联网成就我国互联网史上浓墨重彩的一笔，小圈子的民间精英文化在BBS上一度繁荣。

随着技术的发展，基于HTTP协议的网页开始逐渐占据主流，BBS系统也相应开发出网页版，被称为"论坛"②。相比telnet协议，"论坛"操作更为简单，上网所需的技术门槛逐步降低，"论坛"得以进一步普及的同时也迎来了发展的黄金期。

标志性事件是1997年网友"老榕"（本名王峻涛）在"四通利方"体育论坛（新浪前身）上发表的《大连金州没有眼泪》一文。该事件起因是在1998年的世界杯预选赛上，国家队被球迷寄予厚望，杀入十强，然而在1997年10月31日，中国队坐镇大连金州迎战卡塔尔队，却以2∶3输掉比赛。11月2日，"老榕"将自己与儿子看球的经历写成20 000多字的文章，并发表在了"四通利方"的体育沙龙上。文章发表后，引起无数网民的共鸣，在短短的48小时内，就获得了上万次的点击量，他们中的很多人给论坛写信，要求转载，最后文章于两周后被《南方周末》全文转载。作为普通人的

---

① 中国第一家网吧是1996年5月在上海出现的"威盖特"。
② BBS是基于telnet协议的线上电子版；论坛是基于HTTP协议的线上社交平台。但从词语使用习惯的历史沿革来看，BBS也脱离了本身技术形态的限制，也指后期的论坛。

"老榕"一夜成名,既震惊了大众,又让人们意识到论坛赋予普通个体"成名想象"的渠道,更多的精英群体、知识群体涌入该场域,使得论坛传播影响力急剧提高,"芙蓉姐姐"在2003年的走红是这一时期的典型代表;同时也震惊了专业媒体,网络论坛不再是民间精英群体线上意见交换的平台,专业媒体也入驻、开设论坛。它们一面在论坛中收集新闻线索,如陈锋在"西祠胡同"的小讨论区"桃花坞"中获得"孙志刚死在广州"的消息;另一面也开设官方媒体论坛,活跃线上公共华语空间,如1999年人民网为表达网民对以北约为首的美国袭击中国驻南斯拉夫大使馆野蛮行径的强烈愤慨而开通的"强烈抗议北约暴行BBS论坛",其后于6月19日更名为"强国论坛"。

常见论坛的基本功能包括用户注册、用户登录、匿名登录、发表文章、阅读文章、评论、个人资料修改、在线人数统计等。[①] 在早期的社交网站——"论坛"中,主文本的发布者由编辑、记者等专业人士拓展为所有社交媒体用户,发布信息功能从后台走向前台。其他浏览者可以根据主帖内容进行评论,也可以对已有评论进行回复。但值得注意的是,在技术设计层面,论坛上的所有用户并非绝对平等的关系,除主文本者与跟帖者、评论者的区分之外,论坛上还有着管理者与被管理者"地位"的区分,管理者大致可以分为站长、站长对等账号、账号管理员、版主、讨论区管理员和活动看板管理员等[②],其他大量用户则是被监管的对象,其言论一旦违反论坛规则,就会被警告,甚至会被剥夺话语权。

这一时期社交媒体对人与信息的聚合以"内容"为中心,人们的讨论围绕帖子进行。人与人之间是相对松散的连接,人们"因事而聚、因事而散"。除论坛的管理者,以及少部分稳定意见领袖和有意耗费时间与精力(如高质量、高频率发帖)进行线上个人地位维护者之外,大多数是"动荡型"或"昙花一现型"的意见领袖,他们因某一个爆帖而迅速走红,但同时也随着帖子生命的衰落而急速凋零。内容质量是评判、支撑、维系个人在论坛中地位的绝对指标。因此,在这一阶段,个人主体性相较于传统媒体时期和门户网站时期得以解放,但相比于后期以个人为中心、基于"关系"社交的媒体设计,用户主体性解放还不够充分。

因此,随着其后更加注重"关系"维护的"社区",以及更能体现个人"主体性"的新型社交媒体的出现,论坛开始逐渐没落,但作为早期互联网、早期社交媒体发展过程中不可磨灭的基因记忆,其部分特征在某种程度上被继承下来,在后续的人人网、豆瓣、贴吧、知乎等社交媒体上接续有所体现,论坛元素不断被重现、复兴。

---

① 邵斐. 基于Web的BBS系统的建立[J]. 金陵职业大学学报, 2003 (1): 21-23.
② 梁意文, 李欢, 汤远闲. BBS站点的建设和管理[J]. 微计算机应用, 2000 (3): 149-152.

第二节 博客的繁荣与没落

博客是 Blog 或者 Weblog 的音译，指网络日志，是以网络为载体，发布个人信息，并实现与他人交流的平台。博客上发表的内容既可以是简短的心得体会、人生感悟，又可以是长篇大论，发表对国际风云、时尚潮流的意见或看法。发表的博客文章在个人博客主页内按照时间顺序排列。它既是个人日常生活、思想轨迹的记录，同时作为一个沟通窗口，也为个人提供了展示空间，为他人提供了探索大千世界的新大门。

最古老的博客原型是 1993 年 6 月美国国家安全局（National Center for Supercomputer Applications，NCSA）的"What's New Page"网页，该网页主要用于罗列索引 Web 上新兴网站。世界上公认的第一个博客是 1994 年由斯沃斯莫尔学院（Swarthmore College）的学生贾斯汀·霍尔（Justin Hall）创建的"Justin's Home Page"，彼时"博客"一词尚未出现，它被视为"个人主页"，收集各种地下秘密链接。1997 年，Weblog 一词被约恩·巴格尔（Jorn Barger）提出；1999 年，埃文·威廉姆斯（Evan Williams）创办了世界上第一个博客工具 Blogger；同年，Weblog 被皮特·莫霍兹（Peter Merholz）缩写为 Blog，此后"博客"一词被广泛接受，成为我们称呼此类社交媒体的常用术语。

同中国最早的 BBS——中国惠多网一样，中国的博客最早同样从国外引进。博客最早为国内一批技术敏感者所关注，并且他们为中国网民做了启蒙性介绍。1998 年，孙坚华在国内最早关注并研究博客。[①] 1999 年，笔名为"未授权"的网民创建个人"数字部落"，这是典型的博客网站。[②] 当时作为成型软件或平台的博客尚未引进中国，"未授权"作为技术高手，搭建个人的博客主页，首先在中国进行了博客的实践。之后，一些介绍博客的文章陆续在中国发表，包括 2000 年台湾作者、署名阿坚的《网录：一种新内容形式的崛起》，新浪科技上发表的少岩的《直拨网站和日志网站在美国盛行》，2001 年国内发行的《数字财富》杂志上翻译的一篇来自《行业标准》杂志的文章《可塑媒体》。[③]

除了引荐性的文章及技术先进个人在封闭圈子内的探索尝试之外，国外博客实践传播影响力的与日俱增也吸引了国外主流社会和国内博客先行者们的注意。"911"事件

[①] 邵平. 博客在中国的发展史［EB/OL］. 江西文明网. ［2022-08-01］. https://www.jxwmw.cn/zhuantipind/system/2007/10/23/010008378.shtml.

[②] 方兴东. 每日观察，传统媒体对博客反应不一，发现正宗国内博客［EB/OL］. ［2022-08-01］. https://net.blogchina.com/blog/article/500.

[③] 邵平. 博客在中国的发展史［EB/OL］. 江西文明网. ［2022-08-01］. https://www.jxwmw.cn/zhuantipind/system/2007/10/23/010008378.shtml.

当中，博客成为灾难现场和个人亲身体验的第一消息来源，博客进入美国主流视野的同时，也引起了中国社会的广泛关注。此后关于博客的宣讲和报道逐步增多，硅谷著名 IT 博客丹·吉尔摩（Dan Gillmore）在"清华阳光传媒论坛"上宣讲，引发《连线》《MIT 技术观察》等技术文化先驱的同期关注。[1]

2002 年，Blog 中译文"博客"由方兴东和王俊秀正式命名，"博客中国"网站于 7 月开通。作为当时的新型社交媒体——"博客"的出现，使得用户经营"个人门户"成为可能，不同于 BBS、论坛时期，此时"人"的主体性被进一步加强，人们不单单被内容所吸引而聚集，人也不再是游荡于海量帖文的渺小个体，内容背后的"博主"成为具有标识型的标签。一篇文章爆火过后，并不意味着博主热度的凋零，而是博主作为代表性的"品牌"走进大众视野，"关注"按钮连接了博主与观众。博客成为作者推销自我、用户找寻"有用"信息的平台，博主名成为关系连接的标识，这些连接可以是基于线下熟人、名望的延伸，也可以是受内容吸引而建立的新的线上连接，初步形成了稳定的以"人"为核心的传播圈。

博客在接下来近十年的发展中一直如火如荼，2005 年更是被称为中国互联网的"博客元年"。当时，风靡中国的"超女"张靓颖于 10 月 6 日在新浪博客落户，借助"超女"的巨大人气，张靓颖一度占领了新浪博客人气排行榜第一的位置，排在后面的是郭敬明、张海迪和余华等人的博客。其后，诸多知名人士纷纷进驻新浪，掀起了中国的博客潮流，让这个少数人给少数人看的领域，从寡众走向大众。[2]

此外，博客具备了公共空间和大众媒介的性质，吸引了大批学者和文化工作者参与，突破了官方观点垄断主要媒介的形态，民间观点被有效放大，使得网络舆论成为社会议程设置的重要力量。

然而，尽管博客进一步释放了个人表达的欲望，促成了个人"成名的想象"，同时也为网民打开了"观看"荧幕后、报刊后"名人"的生活后台，新鲜视角的信息一下涌入信息场，引起网民的围观，成为中国互联网中一时风光无限的社交媒体平台，但在互联网快速发展的洪流中，这份荣光并未持续多久，伴随着"微博"的出现，以及移动智能手机的普及，博客逐步衰落，一批批博客网站纷纷关停。

对于博客衰落的原因，我们似乎同样可以从准入门槛去考量，虽然相较于前互联网时期及论坛时期，博客让个人成了"标识"，但"博文"的写作门槛直接排除了不擅长文字的普罗大众，细数这一时期的"网红"，无论高雅或低俗，都是擅长写作的中产阶级，更多的网友只是围观的看客，网民只是初步突破了官方正统渠道的控制、被释放了

---

[1] 邵平. 博客在中国的发展史［EB/OL］. 江西文明网. ［2022-08-01］. https://www.jxwmw.cn/zhuantipind/system/2007/10/23/010008378.shtml.

[2] 新华网. 中国互联网迎来"博客元年"［EB/OL］. ［2022-08-01］. https://news.xidian.edu.cn/info/1012/19145.htm.

的最有表达欲和表达能力的群体。另外，博客的互动性，相较于其后崛起的"微博"，稍显不足，不能形成有效讨论，尤其是不能形成辩论，这限制了主体平等参与的社交氛围，更多有待释放的话语表达欲望都在等待新一轮的社交媒体更新或革命。

第三节　微博崛起与式微

微博（Micro Blog），原指微型博客，最早的"微博"是博客创始人、美国的埃文·威廉姆斯（Evan Williams）的公司 Obvious 于2006年推出的 Twitter，埃文考虑到大量的网络"懒人"不愿意写博客，就创造了内容更为简短的"微博客"——可以迅捷地进行多媒体交互传播，其宣传语为"What are you doing?"，鼓励随时随地、无处不在的沟通。2007年，Twitter 凭借简短、快捷、及时、互动等优势，迅速被用户所喜爱，成为美国用户数量增长最多的社交网站之一，并逐渐融入美国主流社会。[①] 比较具有代表性的事件有2007年美国民主党总统候选人贝克拉·奥巴马（Barack Obama）通过 Twitter 进行竞选，在上面更新信息、与选民互动，获得百万粉丝[②]；2008年印度孟买发生恐怖袭击事件，当地用户通过 Twitter 直播事件进展，在袭击发生后的5秒钟内，Twitter 就更新了80条消息[③]，这些内容为主流媒体提供了丰富的素材和信息支撑，被《福布斯》称为"Twitter"时刻[④]。

Twitter 在2007年火爆后，世界范围内都开始了模仿潮流。这一年，中国也出现了类似的社交软件，如2007年4月14日上线的"叽歪"，2007年5月12日上线的"饭否"，2007年7月9日上线的"做啥"，2007年8月13日上线的"腾讯滔滔"，2008年5月12日上线的"Plurk"，2009年2月8日上线的"嘀咕"，2009年5月22日上线的"聚友9911"，2009年8月6日上线的"Follow 5"，以及2009年8月16日上线的"139说客"。

不同于博客引入后在我国的迅速走红，微博引入的效果并未如之前一样理想。究其原因，在于早期的微博引入者，作为第一批摸着石头过河的探索者，并未真正明白"博客"与"微博"的差异，使得用户量和盈利模式都不明朗，这导致第一批先行者淹没在时代的洪流中。

按照创始人的说法，微博是为了给不愿意写博客的人提供方便，提倡随时随地的沟

---

① 续迪. 我国微博网站的发展历程[J]. 新闻世界，2012（5）：79-80.
② 续迪. 我国微博网站的发展历程[J]. 新闻世界，2012（5）：79-80.
③ 罗昶. 从孟买恐怖袭击事件中的"自媒体"传播看公民新闻背景下的媒介权力转移[J]. 国际新闻界，2009（1）：82-85.
④ 续迪. 我国微博网站的发展历程[J]. 新闻世界，2012（5）：79-80.

通，其使用门槛相较以前大幅度降低，140个字符的限制，让过去长篇大论构建起来的权威消解在"碎片化"的信息中，人与人之间的平等性进一步显现，同时也鼓励了更多人的参与。最初推广微博时，并未将"平民化"作为主要亮点，依然在精英圈、极客圈开展试验。微博虽然便利了即时通信，但在网络不够发达的时代，在智慧移动终端尚未走入大众视野时，它不能够取代手机的通信作用；另外，140个字符并没有便利这些精英的表达，相较于更能支撑理性、深度言论的博客，反而限制了精英们的表达欲。这就导致微博在初期是较为"鸡肋"的新型社交媒体，初代探索宣告失败，微博也一度在我国的社交媒体发展队伍中沉寂。

微博在中国正式走进大众的视野是在2009年。8月28日，新浪微博内测上线，新浪延续前期经营博客的成功经验，邀请娱乐界知名人士和业界"话语领袖"入驻，在名人效应的带动下，微博迅速成为热门话题，吸引了媒体的注意，同时也吸引了众多普通网民注册登录，微博的影响力迅速提升，打开了中国的市场。此后，微博在中国迅猛发展，一度成为门户网站的标配服务：2009年12月14日，搜狐微博上线；2009年12月22日，人民微博上线；2010年1月20日，网易微博上线；2010年4月1日，腾讯微博上线。

短短一年时间，即2010年，微博成为中国互联网发展最快的应用，2010年更是被业界称为"微博元年"，当年重要的年度人物和事件，如犀利哥、凤姐及3Q战争、唐骏学历门等皆在微博上发酵，微博成为网民关注和讨论的焦点。

无论是无心插柳，还是有意为之，新浪微博的推广方式抓住了"媒体性""大众性""社交性""互动性"的核心，集聚起了最早一批的流量用户。当然，微博的火爆并不仅限于此，从历史发展和现实需要的角度来看，其他的因素也在同时起着重要的促进作用。一是博客时期培养起来的一批精英博主可以轻易与微博接轨，他们大多是"老头子型"的学者，有极强的语言组织能力和文字写作能力，140个字符对于他们而言十分容易编写，于是当微博聚集起大批网民时，他们纷纷开通微博。二是新浪等一批微博的创办主体由门户主导，可以吸引各个年龄段和阶层的人参与，尤其从形式上保证了讨论、辩论的形成，大家每次最多说140个字符，不像博客那样"头大尾巴小"。三是微博真正的吸引力在于持不同观点的人可以公开讨论、辩论。当然，一些人是真思考，一些人是发牢骚，哗众取宠、沽名钓誉者也有。然而，不管是真思考，还是发牢骚，看不惯的人可以换个"马甲"，跟在后面评论，吸引了更多看热闹的人围观和参与。

繁荣过后，微博的发展也开始式微，除新浪微博还保持着较高的用户活跃度及商业营利之外，其他门户网站微博纷纷关停。2014年，腾讯、网易相继关停微博业务，搜狐微博发展也进入停滞期。

值得注意的是，微博在中国社交媒体发展队伍中的式微，并不意味着这种媒介形式的过时，在世界范围内，Twitter的发展就不曾停下脚步，依然流行。微博在我国的衰落有自身经营的原因，如过度商业化开发、信息冗余严重干扰了人们的公共讨论等。

尽管如此，微博在当下中国的社交媒体队伍中依然占有一席之地，微博热搜、热门话题等，都能够在特殊时刻吸引网民的关注。2021年，李靓蕾控诉博文、带货主播薇娅偷税漏税等新闻在短期内引爆微博，网民在评论区互动讨论，延展出超越事件本身的重大社会议题，如女性权力、煤气灯效应等，微博在满足大家表达欲望的同时，还发挥了知识普及、教育大众的功能。

第四节 微信发起线上连接的革命

微信（WeChat）是腾讯公司于2011年1月21日推出的移动APP，最初为即时通信工具，2012年4月19日上线了"朋友圈"，拓展了微信的社交功能，8月23日上线了微信公众平台，增加了微信的媒体功能。

作为专为移动端打造的即时通信工具，在智能手机逐渐开始普及的中国，微信无疑成了移动通信的先锋。微信自上线以来，短时间内就获得了大量的用户注册下载。从2011年年初发布，到2011年年底，微信注册用户突破5 000万人；2012年3月，微信注册用户突破1亿人；9月17日，微信注册用户突破2亿人。如图2-1所示，从2013年至今，微信不仅拥有庞大的注册用户，月活跃用户更是保持每年持续增长的势头，截至2021年12月，微信月活跃用户已经达到了12.68亿人。2021年中国人口总数为14.13亿人。这意味着微信已经成为全国近80%的手机用户的必备软件，除去现实人口中的绝对贫困人口，以及没有能力使用手机的老、弱、幼人群，微信俨然成为当下进行信息沟通、人际关系维护、信息发布与获取的基础设施平台。陌生人相识之后，不再是交换名片，也不再是留电话、邮箱地址，而是"扫码"加好友。

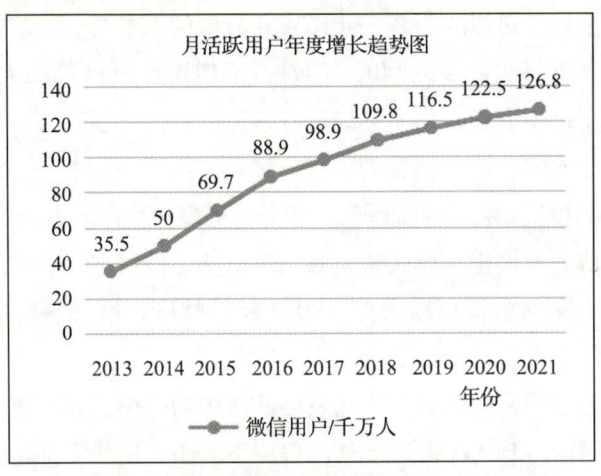

图2-1 微信月活跃用户年度增长趋势图

微信"火"起来，符合在全球范围内由信息技术推动而掀起的媒介革命浪潮的总体特点。在这次媒介革命的浪潮中，虽然技术是动因，却包含着一种后现代的反工业化奴役的思想，在媒介革命中具体表现为反抗传统媒体控制的情绪。人们反抗传统传播模式的"强制性选择"（哈贝马斯语），即"传播的基本功能"附加着"意识形态劝服""商业劝服""媒体功利行为"。新兴的社交媒介正好符合了人们想"逃离"传统媒体控制的愿望。人们希望找到一种媒介能够以"人"为主体，实现人与人之间平等、自主、充满人情味的交流，正像克莱·舍基所描绘的"未来人与人之间是湿的"，而不是"干巴巴"的关系。于是，微信这种媒介便"火"了起来。它把传统媒体的内容"关进"了"订阅号"的笼子里，避免了"强制性选择"；它的"朋友圈"基于"强关系"而存在，避免了冗余关系和信息的干扰；"朋友圈"基于共同价值观，实现了传播渠道和内容提供者的有机融合，并且人人平等，没有微博中"大V"和"小粉"的区别。"朋友圈"的交叉重叠覆盖了整个网络社会，微信就成了一个有效的承载和传播舆论的工具。

此外，作为当下生活基础设施的微信，我们已经不能简单地将其视为单一媒体、通信工具，抑或社交平台，而是"线上综合服务社区"，掀起线上连接革命。从功能上看，微信逐渐完善了与之相配套的连接。2013年8月5日，微信支付正式上线，扫码支付功能的上线，让微信深刻嵌入用户的日常生活中。2017年1月9日零点，微信小程序上线，为智能手机中各种APP的挤占减负，让手机软件轻量化，方便了用户的使用，用户可以在一个平台、一个界面上完成多功能的操作，不再需要在几十个APP中来回跳转。与此同时小程序进一步提升了微信"连接"的聚合功能，微信不再需要花费额外的精力重头开发繁多的线上产品，而是对外开放，连接起用户和程序提供商。

微信对人、物的连接引发了线上连接革命。以人际的连接为起点，即时通信和朋友圈聚集起最早的用户群；以信息门户——微信公众号平台为亮点，打响了微信在信息传播领域的名号，吸引了个人、企业、官方的入驻；同时还以生活服务功能——钱包、小程序等为黏合剂，渗透进用户生活。微信作为集媒体、服务与社交多功能于一体的综合平台，塑造了微信月活用户连续十年持续增长的社交媒体神话。

与此同时，庞大的用户群体又为微信带来了"集聚效应"，让微信成为用户连接世界的窗口。典型案例是新冠疫情后，行程码、核酸码——"双码"在微信上的嵌入。作为审核个体是否具有流通资格的"凭证"，"双码"需要附着于群众接触最多、最常用的媒介之上，以便于追踪管理，无疑微信、支付宝等平台成为控制疫情的最佳"媒介"。对于微信而言，这样的附着，让微信延伸成了个体的身份"凭证"。至此，微信引发的线上连接革命就完成了对人、物、社会深入的渗透。

第五节　视频媒体勃兴

在社交媒体进入中国互联网地图的漫长历程中,从 BBS、论坛到博客,到微博、微信,文字一直居于"信息交换"的主导地位,以上社交媒体的演进沿着降低"文字组织能力"的门槛进行,从长篇大论到短文,到 140 个字符,到对生活琐事的感慨。

此外,视频社交媒体也在酝酿,逐渐释放该领域的市场势能。与文字社交媒体类似,视频社交媒体的出现也经历了从高门槛中长视频到平民化短视频的变革。本讲以 Bilibili 和抖音、快手等分别作为长视频和短视频社交媒体的典型代表进行详细分析。

1. 长视频社交媒体——Bilibili

Bilibili 最早是作为 AcFun(以下简称"A 站")的后花园存在的,当时 A 站经常宕机,2009 年,A 站一位会员徐逸就创建了一个属于自己的更为稳定的弹幕视频分享平台,名为 mikufans①,半年后,即 2010 年 1 月,更为名 Bilibili(以下简称"B 站")。B 站早期是一个以动画、漫画、游戏创作与分享的视频网站,深耕二次元垂直细分领域,后期伴随着美妆、教育、科普等 up 主的入驻,逐渐摆脱了"亚文化社区"标签,目前已经发展成覆盖多元文化的社区,主要用户群体是"Z 世代"人群,即 1990—2009 年出生的一代,这一群体占据总用户量的 82%②。不同于后期短视频的普适性,B 站具有较高的门槛,为 PUGC(专业用户创作内容)视频社区。

弹幕是 B 站的一大特色,也是当下 B 站成为年轻人活跃聚集区的重要原因之一。弹幕发源于 2006 年日本动漫平台 niconico,2007 年被 A 站引入中国。

弹幕不同于以往在视频下方评论的互动——将视频观看区与文字评论区隔离,用户需要在观看区与评论区之间不断地滑动、切换。弹幕是将评论文字放在视频上方滚动,让评论内容与视频内容在屏幕的同一区域呈现。这样的功能设计,无疑方便了用户的互动,人们不再需要在上方视频区与下方评论区来回跳跃、切换,进而在烦琐的操作中放弃互动的冲动。更为重要的是,它还精准地将用户评论定位在所对应的每一帧画面上,让热衷于互动的用户不再需要反复拉动进度条,而是可以直接按下暂停键,将个人所想刻入视频时间轴,互动更省力。这样的设计或许对于部分用户来讲是不方便的,火爆视频中满屏的弹幕会遮蔽视频主体内容,让观者的注意力难以集中。为此,视频网站也设计了弹幕的"开关"键,让初次观看视频的用户、不喜欢弹幕的用户,抑或沉浸感追

---

① miku 是初音未来,mikufans 是"初音未来的粉丝"的意思。
② b 站用户人群分析[EB/OL].[2022-08-13]. https://www.bilibili.com/read/cv16796404.

求较高的用户能够深度体验视频内容。而那些追求互动，刷了很多次视频，对主体内容了如指掌，后期重点关注他人的评论、解构、吐槽的用户，则可以打开弹幕，甚至刷 N 次弹幕，让视频不断复播，但传播的内容与方向是不断地延展、扩增的。

喜欢观看、参与弹幕互动的，大多数为具有高表达欲望的年轻人，他们是不满足于以往在视频传播中的"观者"地位和被限定在视频制作者的意义框架内的，具备反叛、解构、反权威精神的年轻一代，通过吐槽、支持、玩梗来解构宏大、完整的叙事，在动态的互动中，翻转制作者与观看者的角色设定，让观看者的多次创作、解读有机会超越主体内容的传播价值。尽管如此，这样的反叛也具有一定局限性，用户必须依附在他者产品的场域内，虽然反叛的文化味道浓厚，但难以建立起个人的反叛标识。其原因在于，弹幕并不带有个人身份标识，弹幕发布者只是大多数观者中的一员，人们甚至都不知道弹幕源自谁。

另外，弹幕既是一种即时互动，同时也是一个历时积累的过程，当下和历史上被写到视频时间轴上的内容都会被记录下来，这就使得用户在观看与互动的过程中会遭遇语境时空的错乱。尤其对于那些经典、生命力长的视频来说，在这个网络更新换代迅速的环境中，一两年前的"梗"或许都会令人茫然无所适从。这样的内容无疑会打破弹幕的意义繁衍，其讽刺、反叛的意味会被时空冲淡，历史与当下弹幕内容无差别的呈现冲散了一帧时间内传播主题的集中性，分散的内容或许会让观者不知何去何从。

此外，有关弹幕数量的规则也在不断变更。早期弹幕是不限制数量的，火爆视频的弹幕可以密密麻麻地叠起来；后期，无论是出于管理的需要，还是出于排除"水"的内容需求，弹幕依据不同规则，设置了总数上线，当弹幕数量突破上限时，重复性、无营养或者早期等的内容会被挤掉。这使得过去弹幕内容的传播强度和时长都经历时间的考验。时长无须赘言，所谓强度，在于重复本身就赋予了内容非常有意义的传播语境，某一条内容在历史上的重复，见证了历史上用户的狂欢，也记录了当时人们的传播重点与价值观，但这些都在新规则下被消磨殆尽。而对于深度弹幕用户，弹幕池数量的限制，同时也抑制了其表达的积极性，让弹幕对人表达欲的释放程度有一定的限制。

除弹幕作为 B 站互动性的一大特色之外，当下随着短视频的勃兴，B 站于 2019 年也顺应潮流推出了"互动"短视频。目前 B 站上的互动短视频最高播放量达到 1 098.1 万次。[①] 用户在互动短视频中可选择角色，探索故事走向，从而产生代入感与沉浸感。

2. 短视频社交媒体——抖音、快手

硬件及配套设备的欠发展，是视频社交媒体一直未得以全民普及的重要原因。智能手机的普及、4G 网络的覆盖，以及上网费用的降低，催生着能够释放更多用户表达欲

---

① 赵瑜. 叙事与沉浸：Bilibili "互动短视频"的交互类型与用户体验[J]. 西南民族大学学报（人文社会科学版），2021，42（2）：129 - 134.

望的社交媒体——短视频社交媒体的出现。

2012年11月，快手（原名"GIF快手"，2014年11月改名"快手"）从最初制作、分享GIF图片的手机应用转型为短视频社区，在该平台上，用户可以短视频的形式记录、分享生活，激活了社交媒体的"视听感官"。不过，快手转型为短视频社交媒体后，并未即刻获得大发展，而是随着智能手机普及、移动流量成本下降，在2015年迎来大发展。2015年6月到2016年2月，在短短不到一年的时间里，其用户就从1亿人涨到3亿人。到2021年年底，快手平均日活跃用户和月活跃用户分别创下3.233亿人及5.780亿人的历史新高。

几乎在快手迎来大发展的同一时间，字节跳动于2016年9月20日上线了短视频社交软件——抖音。较于快手，其发展势头似乎更为猛烈，2017年年底，仅上线一年多的时间，抖音就获得了2.5亿的日活跃用户和5亿的月活跃用户。截至2021年6月，抖音的日活跃用户数超过6亿人。

除以上原生"短视频社交媒体"之外，在短视频社交火热的洪流中，微信、微博等社交媒体也开通了视频号，补足文字社交媒体对视听感官社交的缺失。

短视频社交媒体的兴起，给最没有表达能力的群体提供了线上展现平台，促成了福柯所言的"无名者"的历史性出场。[①] 碎片化视频与剪辑配乐智能化降低了视频记录的门槛，视听媒介不再为传统电视、广播所垄断，也不再被长视频网站所要求的较高的拍摄、录音及剪辑的门槛所排挤。日常的琐碎片段，极高"同质性""重复性"的生活日常，不再因信息量低、价值低被排除在主流叙事之外而不可见，使得后现代主义的去中心、去宏大叙事与平权要求[②]在媒介实践中被进一步推进。乡村场景中相似度极高的蓝天、白云因背后的"人"与"事"，被赋予差异化的情感色彩；城市中地铁、写字楼也因"人"与"事"的不同唤起不同群体的共鸣。这些极具重复性，又同时带有差异之处的个人日常生活记录以碎片化的方式，建构了日常生活的多维度影像档案。看似不起眼的几秒钟视频的集合，在获得量级的积累后，凭借其资源的丰富性，也同时进入社会主流叙述及话语构建。2020年10月，在第四届平遥国际电影节开幕式上首映的纪录电影《烟火人间》，就是由886条快手短视频制作而成的用户生成内容（User Generated Content，UGC）长片，通过海量的手机自拍影像呈现了当代中国个体的生存群像。[③] 还有新冠疫情防控期间，人民日报社新媒体中心在武汉解封后推出的《手机镜头里的77天》短片，同样使用了大量来自快手、抖音等短视频平台上的内容，生动展示了疫情防控期间生活的辛酸与感动的瞬间。

[①] 潘祥辉. "无名者"的出场：短视频媒介的历史社会学考察 [J]. 国际新闻界，2020，42（6）：40-54.
[②] 赵云泽，赵国宁. 后现代主义视角下中国的媒介变革 [J]. 中国人民大学学报，2019，33（4）：108-115.
[③] 梁君健，孙虹. 从视听交往到社会缝合：纪实类短视频的视听话语形态 [J]. 南京社会科学，2021（9）：120-129.

与此同时，短视频社交媒体中"瀑布流"式的内容推荐方式，在增强了用户的"沉浸"体验的同时，也将普罗大众从"深度灌输"中解放出来。用户在碎片化、表面化的微观世界中通过虚拟的参与体验，直接去感受真实的社会生活，进而结合个人的社会经验与感知，拼凑出对社会的感悟。短视频社交媒体排斥所谓权威者的"深度灌输"，将抽象出来的本质，重新放置于现实语境当中，民众重新拿回了对生活多样化阐释的主动权，归一化的内容不再享有绝对的话语权威。

当然，现在的短视频社交媒体并不仅仅是普通民众的聚集地，当其聚集起庞大的用户群体之后，作为可以迅速接触到大量受众的便利传播窗口，主流媒体、企业公司、行业精英、传统民族文化传承者等都开始入驻，丰富了短视频社交媒体的传播生态，同时促进了文化多样性的发扬与传承。如在国家非物质文化遗产的继承和传播方面，据抖音2021年数据报告显示，抖音目前已经覆盖了1 557个国家级非遗项目中的99.42%，豫剧、越剧、黄梅戏等分别获得了7 743万、5 789万和5 305万的点赞量。同样，在快手上，每3秒就诞生一条非遗相关视频。2018年，252万位作者共生产了1 164万条非遗相关内容的视频，累积获得250亿次的播放量。

短视频社交媒体不仅延续着社交媒体演进历程中对话语权的不断释放，更为重要的是，还嵌入了更多的技术成分——推荐算法——重构了"内容"与"人"的连接方式。传播不仅是基于"社交"的连接，算法勾勒出的用户画像和内容画像，让平台化身智能体，对二者主动地连接与匹配，省去了个体寻找目标信息的过程，让用户不至于在庞杂的视频中迷失，用技术缓解了用户的信息压力。同时，面对算法可能出现的"信息茧房"风险，多样化内容的推荐促进了"意外"内容与"人"的偶遇，真正意义上破除了由个人所处的社会位置带来的信息禁锢。

第六节　泛化的社交媒体

社交媒体对流量的聚集能力，让用户获得话语权解放的同时，也为互联网经济带来了新的机遇。庞大的用户群体，除了是信息的生产者、消费者与传播者之外，同时也是潜在的商品消费者，由流量到购买力的转化，让社交元素不仅仅局限于互联网媒体中的社交媒体中，同时也向互联网的其他媒介形态渗透，我们称之为"泛化的社交媒体"。

小红书就是其中具有典型性的代表，其模式被称为"Amazon + Instagram"模式。[①]

[①] 人民日报. 小红书，9600万用户信任缔造的中国品牌 [N/OL]. [2022-08-13]. http://www.cinic.org.cn/hy/zh/435977.html.

小红书成立于 2013 年 6 月，最早是海外购物分享社区，到后来，随着用户的增长，其涉及范围也越来越广泛，包括运动、旅游、家居、参观等，触及消费经验、生活方式等方方面面的分享。分享形式可以是图文，也可以是短视频或中视频。对生活体验与产品的分享，不仅让用户停留在观看的位置，同时刺激了他们尝试的欲望，让体验、购买落地，带动用户消费。因此，当 2014 年小红书上线跨境电商平台"福利社"，打开用户消费渠道后，在短短半年时间内就获得了 2 亿元的销售额。2017 年，小红书更是被《人民日报》评为"中国品牌"。

从社交媒体发展逻辑来看，小红书同样遵循了"轻量化"和"视频化"的逻辑，降低用户的参与信息发布的门槛，从而激发更多用户去分享"笔记"。小红书上的"笔记"必须配有图片，且发布的内容必须有封面主图，使得信息能够在第一时间以感官刺激用户点击。而相对应的文字内容上限是 1 000 个字符，中篇的长度既比微博的 140 个字符容量大，让用户就内容分享可以多谈感受，同时又拒斥了长篇大论的内容，减轻了用户阅读的压力及博主写作的压力。其视频功能上线较晚，是随着抖音、快手走红而上线的，但与该平台"种草"、分享的调性相符，很快也占据了小红书近半数的笔记内容。

互联网社交媒体的出现让"人"与"人"、"人"与"物"、"物"与"物"的连接进一步突破时空障碍，实现了在线的实时交互。便利沟通的同时，也赋权于民，增强了作为普通人的"个体"在历史当中的可见性。从 BBS/论坛，到博客，到微博，到微信，从中长视频社交媒体——B 站，到新型的短视频类社交媒体——抖音、快手，同时还将社交元素辐射到更广泛的互联网 APP 中。其演进是技术发展与社会文化需要双重驱动的结果。技术上的发展使得带宽不再受限制，应用程序的开发让使用越来越便利，用户从专业技术人员向普通业者扩张，新的媒介形态也可以从想象变成现实。在社会文化层面，人们所追求的自在阅读和内容消费，符合人们在社交媒体广阔的承载平台上可见性逐渐提高的要求，使得社交媒体越来越嵌入人们的生活。

【思考题】

1. 推动社交媒体演进、变革的动因是什么？
2. 如何看待微博的兴起与式微的历程？
3. 社交媒体赋权大众的社会影响有哪些？
4. 如何看待社交元素在互联网应用中的泛化？

【推荐阅读书目】

[1] 汤姆·斯丹迪奇. 从莎草纸到互联网：社交媒体2000年[M]. 林华, 译. 北京：中信出版社, 2015.

[2] Jean Burgess, Thomas Poell, Alice Marwick, ed. Handbook of Social Media[M]. London and New York: SAGE Publications Ltd., 2017.

[3] 何塞·范·迪克. 连接：社交媒体批评史[M]. 晏青, 陈光凤, 译. 北京：中国人民大学出版社, 2021.

[4] 罗伯特·斯考伯, 谢尔·伊斯雷尔. 即将到来的场景时代[M]. 赵乾坤, 周宝曜, 译. 北京：北京联合出版公司, 2014.

[5] 马修·辛德曼. 数字民主的迷思[M]. 唐杰, 译. 北京：中国政法大学出版社, 2015.

第三讲

社交媒体的"信息茧房"与"信息偶遇"①

---

① 本讲内容参见:赵云泽,薛婷予.社交媒体中的"信息偶遇"行为研究——解决"信息茧房"问题的一种视角[J].编辑之友,2020(5):38-43.

第三讲　社交媒体的"信息茧房"与"信息偶遇"

"信息茧房"（Information Cocoons）是社交媒体时代困扰用户最多的问题之一，也是学术研究的一大热点。互联网新技术发展，尤其是算法分发技术的发展与应用被认为是导致"信息茧房"无限加剧的"罪魁祸首"。除个体的信息接触偏好之外，社交媒体平台的关注筛选功能和协同过滤机制通过推送与用户兴趣紧密相关的内容来吸引用户进行点击、阅读等一系列行为，以此获得注意力资源，这种个性化推送在一定程度上会导致"信息茧房"。对个人来说，"信息茧房"会导致用户信息获取的窄化和封闭，进而使得受众的观点趋于极端化，眼界愈加狭窄，个人的认知水平和媒介素养逐渐降低，影响其正确价值观的形成，也导致其社交媒体使用积极性的下降；对社会来说，"信息茧房"容易导致群体极化的加剧和社会黏性的丧失，阻碍社会的正常、和谐发展。但"信息茧房"这一问题并非不能解决，从元理论的角度分析，对"信息偶遇"行为的研究可能为"信息茧房"的解决提供一种新的视角，即通过构建一种可供用户自由偶遇信息的环境来实现对"信息茧房"的破解。本讲在介绍"信息茧房"的概念、形成原理、不良影响的基础上，引入"信息偶遇"这一社交媒体信息获取行为方式，进一步探讨解决"信息茧房"这一互联网伦理问题的可能路径，减少"信息茧房"对个人信息获取与社会和谐发展的潜在威胁。

第一节　算法分发与"信息茧房"

"信息茧房"的概念由凯斯·R. 桑斯坦（Cass R. Sunstein）提出，他认为"在信息网络传播中，因公众自身的信息需求并非全方位的，公众只注意自己选择的东西和使自己愉悦的通信领域，久而久之，会将自身桎梏于像蚕茧一般的'茧房'中"[①]。与"信息茧房"相类似的概念表述还有"回音室效应"（Echo Chamber Effect）和"过滤气泡"（Filter Bubble）等。虽然这些概念存在表述和侧重上的细微差异，但实质上都用以强调社会整体信息获取的区隔化与个人信息接触的狭窄化、封闭化和同质化。从定义上看，桑斯坦认为"信息茧房"产生的主要原因在于受众对信息的选择性接触。事实上，传播技术在精确化内容分发、算法推送等方面的快速发展对于"信息茧房"的形成同样产生了不可忽视的影响。

新闻内容的分发策略经历了编辑分发、社交分发、算法分发三个阶段的变革，现今以算法为核心的依赖新技术的内容分发模式逐渐占据了主流。社交型媒体平台如微博、微信等和资讯聚合型媒体平台如今日头条、一点资讯等都在积极运用算法推荐技术。从

---

① 凯斯·R. 桑斯坦. 信息乌托邦：众人如何生产知识[M]. 毕竞悦，译. 北京：法律出版社，2008：7-9.

广义上来讲，算法作为一种编码程序，是"为了解决问题而输入机器的一系列指令"[①]，本质上是实现"信息与人"的匹配的[②]。在人工智能快速发展的大背景下，算法已渗透到新闻生产的各个环节，重塑了新闻生产机制，催生出了"人工内容＋智能分发"这样的新闻生产方式。相较于传统媒体的信息分发方式，算法分发更加高效和精准。人工智能与新闻分发结合产生的算法推荐新闻，改变了编辑、记者、用户等身份概念，也改变了媒体和用户的伦理关系，引起了广泛的讨论，其中，讨论最多的问题之一就是算法的内容分发对"信息茧房"的影响。近年来，有关新技术发展对"信息茧房"影响的研究领域内出现了不同的质疑声音："信息茧房"是否真实存在，是否成为一个伪命题？算法分发是否确实会加剧"信息茧房"？"信息茧房"形成的根本原因是人还是算法？"信息茧房"问题是否被过度妖魔化？

在算法对新闻内容的分发是否会加剧"信息茧房"的问题讨论中，持不同观点的双方对算法逻辑规则及其实现用户与内容匹配的运作方式有着不同的判断，这影响甚至决定了学者对于算法对"信息茧房"影响的不同看法。

认为算法推送会加剧"信息茧房"的学者倾向于将算法分发的原则归为人的兴趣偏好。姜红和鲁曼认为，算法分发解构了传统新闻选择的价值标准，而仅突出趣味性这一个要素，推送给人"want"的东西而非人"need"的东西。[③] 喻国明等人也认为，以用户的兴趣为出发点，把用户的需求当作目标的个性化新闻推送机制通过算法过滤使得用户的媒介接触被自我兴趣不断固化，形成"信息茧房"。[④] 张瑜烨等人以今日头条为例，指出该平台在分发信息的过程中，不存在"编辑"这一角色，而是机器算法基于大量信息数据和标签关键词来进行信息的过滤，与其说是"把关"，不如说是对受众口味的一味迎合。[⑤] 杜娟和游静则是从心理抗拒的角度指出算法在向消费者推荐个性化信息时，难以充分考虑消费者需求的多样性、兴趣偏好的改变及心理感知的变化等因素，导致信息获取不断窄化，一旦感知目标受阻，消费者就会产生心理抗拒。[⑥] 无论从哪种角度出发，都可以看出有相当一部分学者认为现阶段以算法技术为代表的新技术发展自身的缺陷导致"信息茧房"的形成和受众信息接触的娱乐化倾向。

但也有学者认为，算法的运作机制是复杂多样且流动变化的，不能简单归结为依靠人的兴趣偏好或者新闻热度。迈克尔·德维托（Michael DeVito）考察了Facebook的算法运作机制，概括出九大算法价值要素：朋友关系、用户公开表达的兴趣、用户先前的

---

① Goffey A. Algorithm [M]//Fuller M. Software Studies: A Lexicon. Cambridge, MA: the MIT Press, 2008: 16.
② 周勇, 赵璇. 大数据新闻生产的实践与反思 [J]. 新闻与写作, 2016 (6): 44－48.
③ 姜红, 鲁曼. 重塑"媒介"：行动者网络中的新闻"算法" [J]. 新闻记者, 2017 (4): 26－32.
④ 喻国明, 侯伟鹏, 程雪梅. 个性化新闻推送对新闻业务链的重塑 [J]. 新闻记者, 2017 (3): 9－13.
⑤ 张瑜烨, 郑幼东, 张诗琪. 信息茧房：智媒时代个性化推荐系统运作逻辑与反思：以今日头条APP为例 [J]. 现代视听, 2018 (11): 18－24.
⑥ 杜娟, 游静. "信息茧房"效应下消费者对个性化推送的采纳意愿研究：心理抗拒视角 [J]. 企业经济, 2019 (1): 103－110.

参与、用户含蓄表达的偏好、发布时间、平台优先级、页面关系、用户的负面表达、内容本身的质量。① 贾晓通和邓天奇也指出，不能将个性化新闻推荐简单地理解为对重复、同质内容的推送，它是基于新闻特征类型、新闻文本分析及用户兴趣模型等不同因素的权重进行信息分发的机制，其所依赖的用户相似性聚合模型也会随着个体用户兴趣模型的变化而发生变化，从而使用户收到的新闻资讯推荐内容呈现出动态变化的趋势。② 还有学者从更加专业的角度分析算法的推送机制：基于物品和内容的协同过滤原则，指出算法所提供的信息产品集社交、搜索、场景识别、个性化推送及智能化识别于一体。③ 同时，算法本身也在不断地进行自我完善。以今日头条为例，从第一版开发运行至今，其算法已经过四次大的调整和修改，这说明算法推荐不是一成不变的，算法型信息分发在不断迭代中提升着"有边界的调适"，并增强了其社会的适应度与合法性。④ 因此，有学者指出，极大的数据库及多元的算法使得许多用户从未意识到的兴趣或偏好被挖掘，满足用户潜在的信息需求，从而扩大其信息接触范围，这是专家或编辑不能做到的。⑤

从整体上看，社交媒体的关注筛选功能使得个人议程设置的作用正逐步取代公共议程的设置，在信息接收阶段，掌握信息筛选权力的主体逐渐从媒体从业者过渡到用户本身，即"你关注的，才是头条"。在大数据和算法的支持下，社交媒体的协同过滤功能能够从用户信息行为中获取其个人兴趣特征和媒介使用画像，并与数据库中大量的信息内容进行匹配，进一步实现对用户的个性化推送，使受众能够轻易、准确地获得他们想看的内容。一方面，随着大数据的发展和信息网络的进步，以个性化推送为代表的信息分发技术越来越成为"信息茧房"形成的主要原因，"信息茧房"也愈加频繁地出现，并成为影响信息丰富化、多元化发展的最大阻力；另一方面，算法的改进与优化以增加潜在的"信息偶遇"为主要方式，为"信息茧房"的破局提供了可能，扩大了个体的认知边界，甚至超越了"信息茧房"之前的认知范围。

---

① Devito M A. From editors to algorithms: a values-based approach to understanding story selection in the Facebook news feed [J]. Digital Journalism, 2017, 5 (6): 753 – 773.
② 贾晓通, 邓天奇. 网络公共领域下的个性化新闻推荐 [J]. 新媒体研究, 2019 (5): 19 – 20, 23.
③ 李炜娜. 算法技术对信息分发机制的创新与反思 [J]. 西北民族大学学报 (自然科学版), 2019 (1): 86 – 91.
④ 喻国明, 杜楠楠. 智能型算法分发的价值迭代: "边界调适"与合法性的提升: 以"今日头条"的四次升级迭代为例 [J]. 新闻记者, 2019 (11): 15 – 20.
⑤ Gregory S M. Review: The filter bubble: what the internet is hiding from you by Eli Pariser [J]. InterActions: UCLA Journal of Education and Information Studies, 2012, 8 (2): 294.

第二节 "信息偶遇":信息获取的平衡态

威尔逊信息行为模型认为,人在产生信息需求之后才会进行信息接触与获取行为。① 在社交媒体时代,因信息总量的增加,信息接触从总体上呈现出扩大化的倾向,同时受到以算法为代表的人为信息筛选的影响,信息接触呈现出不平衡的状态。相对于传统媒体构建的拟态环境,社交媒体所构建的拟态情境更凸显个性化,更加脱离真实的生活情境,转而去迎合受众的个人主观情境,形成了与真实情境不符的、拟态情境和主观情境互动的信息接触的非平衡态(图 3-1)。要想实现信息接触的平衡态,就要通过增加在信息接触过程中偶遇信息的行为来实现真实情境和拟态情境的吻合,保证新闻接触与真实情境有更高的一致性,并以此来降低用户在媒介影响下所建立的个人主观情境与真实情境的失真程度。

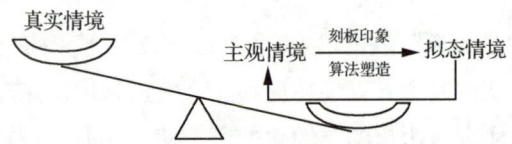

图 3-1　社交媒体情境下人类信息接触的非平衡态

具体来讲,信息接触的不平衡体现为接触信息内容的同质化、接触信息观点的极端化、接触信息质量的差异化及接触信息类型的娱乐化倾向,这些倾向从不同的方面助长了"信息茧房"的产生。要想解决"信息茧房"的问题,就必须实现人类信息接触的平衡发展,通过增加"信息偶遇"(Information Encountering)行为来尽可能实现受众信息获取内容、观点、质量和类型等方面的平衡化。

"信息偶遇"概念的相关表述最早可追溯到 1983 年詹姆斯·克利克拉斯(James Krikelas)所提出的"随意的信息获取",它是指缺少目标和目的、为满足延时需求的信息获取行为。② 克利克拉斯认为,人的信息需求有即时需求和延时需求两种类型。即时需求是指人们在有信息需求时立即进行搜寻和获取。延时需求则意味着用户并不会为其立刻采取行动,而是把它作为潜在需求存在头脑中,若某天意外地在某个场合遇到了可以解决该类需求的相关信息,那么"信息偶遇"也随之产生了。因此,可将个人的延

---

① Wilson T D. Models in information on behavior research [J]. Journal of Documentation, 1999, 55 (3): 249-270.

② Krikelas J. Information-seeking behavior: patterns and concepts [J]. Drexel library quarterly, 1983, 19 (2): 5-20.

时需求视为激发和启动"信息偶遇"的初始动力。

"信息偶遇"概念的正式提出则是以 1995 年桑达·埃尔德雷斯（Sanda Erdelez）将"信息偶遇"作为一种信息获取行为进行系统的实证研究为标志的，他认为"信息偶遇"是"在未预期情境中，个体意外获得有兴趣或可用以解决问题的信息的现象"[①]；潘曙光于 2010 年参考埃尔德雷斯的概念界定，将"信息偶遇"概念引入国内。[②] 从"信息偶遇"的定义上可以看出其本质特征：主观参与度较低且期望值较低。主观参与度是指人们主观参与该项活动的强烈程度，高主观参与度是指有计划地进行信息搜寻，低主观参与度或无主观参与度是指人们随意、不经意的偶然的信息获取。期望值是指人们对于自己能够获取有用信息的期望。参与度和预判度都较低时的信息获取方式为"信息偶遇"，反之则为"信息搜索"。

帕姆格林（Palmgreen）的"预期—价值"假说，基于受众的媒介期待和评价角度，指出在获取信息需求满足的过程中存在预期的满足和获得的满足，预期的满足基于经验，获得的满足是媒介使用后所感到的满足。若获得的满足等于或高于预期的满足，也即信息的价值等于或高于对信息的预期时，人们的获得感就会显著增强，重复使用该媒介的概率就会显著增加。若获得的满足低于预期的满足，人们就会调整之前媒介使用的行为方式，前种使用方式有可能会被彻底抛弃。从中可以看出，低预期高价值的"信息偶遇"能带来媒介使用的满足感，进一步鼓励和刺激受众的媒介接触行为，促进信息的浏览。

与被广泛研究的"信息搜索"行为相比，针对"信息偶遇"行为的研究较少，甚至"信息偶遇"行为本身曾被轻蔑地认为是"不知道我想要什么行为"[③]，或是一种"半直接、半结构化的"[④] 信息获取方式。事实上，"信息偶遇"行为与"信息搜索"行为一样，是人们获取信息的最重要途径之一。而且"信息搜索"是有限的，"信息偶遇"是无限的，因为人们所产生的能够催生出信息搜索行为的明确需求有限，更多的信息获取是通过无计划、无预期的偶遇进行的。对"信息偶遇"的研究不仅能够丰富和完善人们对整个信息行为系统的理解、推动信息系统研究的发展，同时也能够帮助人们构建更加平衡、健康、丰富的信息接触机制与环境。

---

① Erdelez S. Information encountering: an exploration beyond information seeking [D]. Syracuse: Syracuse University, 1995.
② 潘曙光. 信息偶遇研究 [D]. 重庆: 西南大学, 2010.
③ Bates M J. The design of browsing and berrypicking techniques for the online search interface [J]. Online Review, 1989 (13): 407-424.
④ Ellis D. A behavioral approach to information retrieval system design [J]. Journal of Documentation, 1989, (45): 171-212.

第三节 "信息偶遇"破解"信息茧房"的视角

从本质上看,个性化推送会导致"信息茧房"的原因之一,在于其采用的算法认为人的信息需求是线性的、一以贯之的、可以被预测和掌握的,而事实是受众在信息浏览和信息获取的过程中,其信息需求存在着频繁的流动和跳跃,也存在着注意力的变化、倾斜与转移。这种现象可被认为是"信息偶遇"行为所描述的前景问题和背景问题的转化,即从眼前所需要解决的信息需求的获取,跳转到满足人头脑里潜在的信息需求的获取上。"信息偶遇"的概念将人的信息获取视为一个非线性的动态过程,认为用户的信息需求处在不断的变化中,是无法用简单的以兴趣为基础的算法来追踪和满足的。对于"信息偶遇"自身来说,这种流动性体现为前景问题和背景问题之间的交织与转换;对于人的整体信息行为来说,主动的信息搜寻会伴随"信息偶遇"行为的出现,而对偶遇到的信息的进一步探索也会催生主动的信息搜寻,二者也常常是交织进行的。(图3-2)

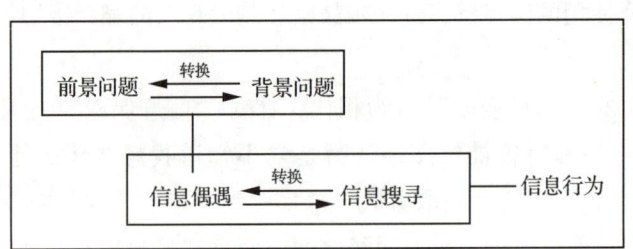

图3-2 信息行为中的流动跳跃

需要注意的是,现今个性化算法推送的线性原则除了导致"信息茧房"之外,还会导致"个人茧房"的标签化。算法根据受众的信息行为及人口统计学特征对受众进行标签化处理,一旦被算法打上某种标签,受众就很难再通过算法推送获取其他标签受众可能获得的信息,也难以实现信息获取上的阶层跨越。人的信息需求被算法看作固化于某一层面的、非流动性的标签化需求,所接触的信息也被算法固定在其认为受众应当会感兴趣的范围内,从而导致社交媒体环境下数字鸿沟和知识鸿沟的进一步裂化。可以说,算法通过人为设定受众阅读信息类型的方式,在赋予一部分人获取高质量信息特权的同时,给一部分想要获取高质量信息的人设置了障碍。"信息偶遇"则是通过非线性的流动性模式打破了算法的偏见问题,想从根本上破除信息之间存在的等级壁垒,至少要在信息提供方面实现受众信息获取的平等化。

不少学者也曾依据不同的理论架构指出"信息偶遇"行为的非线性特征。王知津等人从英国学者艾伦·福斯特（Allen Foster）提出的非线性信息搜寻行为模型入手（图3-3）①，认为信息搜寻是非线性、动态、整体性和流动性的，正是这种特征使得"信息偶遇"成为可能。从整体上看，非线性信息搜寻行为模型的开始、定位、整合三个核心过程都考虑到信息搜寻者与认知方法、内部情景和外部情景的交互。随着每个信息搜寻者的经验和面临的情景的变化，信息搜寻的机会和需求都会随之发生变化。核心过程和发展中的情景的自由交互关系使得每个过程很容易转入其他过程或随着时间的推移而反复进行。信息搜寻者在不断地解构与构建他们面临的信息问题的过程中，呈现出不规则的变动。②

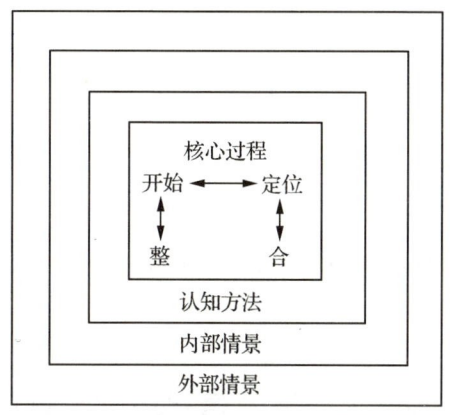

图3-3 Foster 非线性信息搜寻行为模型

与此类似的是，有学者基于菲利普·希德（Philip Hinder）提出的基于目标改变的信息检索模型（图3-4）③指出，当用户与信息系统进行交互时，其检索目标会发生改变，这不同于传统的信息检索模型通常认为的在一个会话中用户检索目标是明确和静态的观点。用户潜意识中的信息需求与意识中的信息需求可互换位置，这为解释信息检索情境中的"信息偶遇"提供了一个重要的基础。④ 从根本上来说，解决"信息茧房"带来的线性信息获取问题就是要增加非线性的"信息偶遇"，从这个角度来看，"信息偶遇"行为的研究就为"信息茧房"的破解提供了新的分析角度与可能路径。

---

① Foster A. Nonlinear model of information-seeking behavior [J]. Journal of the Society for Information Science and Technology, 2004, 55 (3): 228-237.
② 王知津, 韩正彪, 周鹏. 非线性信息搜寻行为研究 [J]. 图书馆论坛, 2011 (6): 225-231, 281.
③ Hinder P. Search goal revision in models of information retrieval [J]. Journal of Information Science, 2006, 32 (4): 352-361.
④ 潘曙光. 不同情境下的信息偶遇研究 [J]. 情报探索, 2012 (8): 15-18.

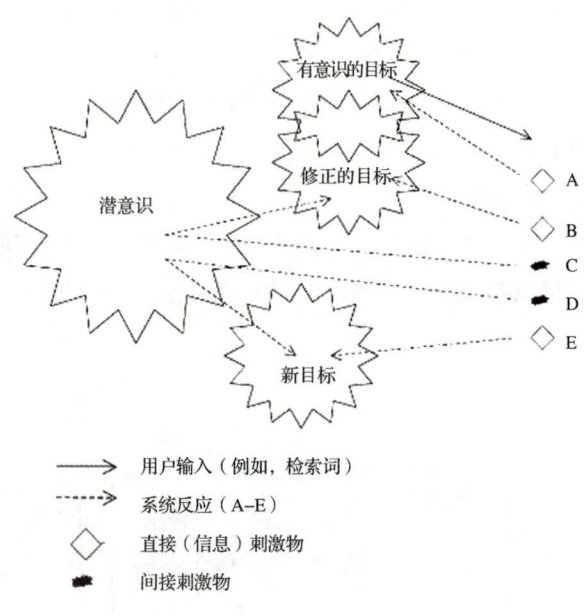

图 3-4 Hinder 基于目标改变的信息检索模型

第四节 "信息偶遇"破解"信息茧房"具体可实现的路径

目前，国内关于"信息偶遇"的研究多集中在图书馆情报学的领域内，研究对象多为图书馆读者和科研人员，研究内容主要集中在通过分析"信息偶遇"的特征、类型、过程及影响因素来探讨如何提高读者在图书馆偶遇到符合个人图书信息需求的概率，以及分析科研人员在信息搜寻过程中的"信息偶遇"行为对科学研究进程的影响。[①] 从总体上看，针对新媒体社交网络上"信息偶遇"现象的研究还相对较少，仍停留在初级阶段。社交媒体上信息的开放性、碎片化、广泛化等特征及其依靠人际关系链与超链接的信息组织方式，决定了互联网环境比线下环境更容易出现"信息偶遇"的现象。创建适合"信息偶遇"的媒介环境，增加用户"信息偶遇"行为或可成为解决"信息茧房"这一互联网伦理问题的有效路径。具体来说，有以下四种措施。

一、整合信息资源，避免"伪信息偶遇"

在信息爆炸时代，信息过载是人们普遍忧虑的问题。互联网上巨大的信息量为"信

---

① 李儒银，邓小昭. 高校硕士研究生偶遇信息分享行为的影响因素研究［J］. 情报理论与实践，2016（11）：84－88.

息偶遇"的发生提供了条件,但同时由于碎片化、重复化、同质化、无价值信息的普遍存在,"伪信息偶遇"现象频频发生。在某一热点事件爆发时,大量媒体争先恐后地对其进行报道和分析,所呈现的内容却大同小异,乃至完全相同,既无新内容又无新观点。从根本上来讲,产生这种现象是因为事件真相的揭露须循序渐进,在某一特定时间点,媒体所掌握的信息量是大致相同的,这就使得呈现在受众面前的信息是重复的、同质的。然而,为吸引受众的阅读和假装信息的独家、新颖,媒体在信息推送时往往会对这类信息进行"包装",采用独特的标题和关键词来吸引读者的眼球,甚至部分自媒体凭借此发展出了"不调查、只转载"的行文模式。这使得已阅读过同样信息的不知情的受众对无效信息进行点击,抱着"也许后面会有不一样内容"的想法阅读到最后,才发现自己陷入了"伪信息偶遇"的骗局,即遇到某一信息,虽然产生了兴趣,进行了阅读,却毫无收获。类似现象的演变与发展最终会导致"求索悖论"的出现,即社交媒体按照既定的用户个人兴趣分析拼命地推送大量重复化、同质化的信息给用户,用户却难以从中再发现对自己有吸引力或有价值的新信息。

这类"伪信息偶遇"的存在不仅仅会造成更深层次的"信息茧房"——在已被圈定好的"茧房"里,受众也难以获取新的与其兴趣相关的信息,更会降低受众的媒介使用热情,妨碍其对于媒介工具的正常使用,同时也会造成信息资源的重复和浪费,阻碍社交媒体的进一步发展。想要从这一角度来破解"信息茧房"的问题,就要实现对用户感兴趣内容的最大化延伸和扩充,而不是重复化、同质化内容的无效推送。我们可以采取严厉惩罚抄袭行为、加强新闻版权保护、对接触过某一信息内容后再次偶遇该信息的用户提供设置提醒或屏蔽功能等措施来避免"伪信息偶遇"。同时,提高信息质量,对信息资源进行整合,避免信息过度碎片化,从根本上保证用户能够拥有偶遇信息的媒介环境和机会,避免"伪信息偶遇"耗费用户进行正常信息获取的时间和精力。

二、构建"人行道"模式,扩大信息接触范围

凯斯·R. 桑斯坦(Cass R. Sunstein)提出,要解决信息窄化问题,就应当在网络世界中构造一种"信息偶遇"的环境,就像人们在户外的"人行道"上行走,不知道会碰到什么样的人和物一样,打破原有设计好的壁垒和轨道。虽然在这时桑斯坦还未明确提出"信息茧房"的概念,但他已意识到,本该成为"公共论坛"的公共媒体,却常常未能扮演好这一角色。因此,他提出建议,认为公共媒体应当向使用者提供没有经过计划的,甚至是人们"不想要"的资讯,促使不同阶层的人群能够接触到更为丰富的信息,而不禁锢在自己的领域当中,以此来实现信息获取的自由和价值,克服信息窄化。

这种计划外的信息与"信息偶遇"概念中所提出的低参与度不谋而合,而"不想要"在一定程度上也符合低预判度的概念。因此,可以认为桑斯坦所说的"公共论

坛"，意味着一种自由、丰富、多元、未加筛选的可供受众偶遇信息的媒介环境。平台可以有意识地提供那些看上去受众可能会不感兴趣的信息，这很有可能会击中某些人潜在信息需求的靶心，实现信息获取的健康与平衡。这种对受众不加区别的推送方式与传统媒体中的报纸和广播类似，有利于信息环境的平衡，缩小因受众阶层地位、受教育水平等权利鸿沟反映在社交媒体上的数字鸿沟与知识鸿沟的差距。在实践中，可以在社交媒体上尝试开辟专门频道，表明这些信息推送是完全随机的非个性化推送，以此来营造有利于"信息偶遇"的环境，同时也可引入跨站式搜索的信息获取模式来扩大可浏览的信息源，从而打破"信息茧房"。

▶▶ 三、注重社交关系的连接，鼓励分享行为

相较于传统媒体，社交媒体更加注重用户关系的连接，用户通常会分享自己喜爱的内容给其他用户，也会因为其他用户的分享而乐意着重阅读某一内容，双方在这种信息互动行为中往往能够产生信息阅读的满足感与强烈的互惠感，这种基于社交关系的"信息偶遇"是更容易被重视和实现的。社交媒体作为一种工具，为用户在虚拟空间中聚集、建立关系、分享有用信息提供了更多机会，从而在相当程度上促进了"信息偶遇"，提供了解决"信息茧房"问题的一大突破口，即通过建立和完善社交媒体上的受众社交关系并鼓励受众的分享行为来实现用户自主自觉的"信息偶遇"和信息拓宽。一旦用户养成将"我的日报"分享给他人、阅读"他人的日报"的习惯，那么"信息茧房"的问题在相当程度上会被缓解。

尽管现在大部分社交媒体平台内部已具备了易于分享的特性，但不同的社交媒体平台之间还存在无法直接分享信息内容的问题和障碍。同时，想要建立兼具内容特性和社交特性的社交媒体平台很有难度，人们往往会建立并依赖于少数社交媒体平台上的社交关系，而很少能将其全部复制到另一平台。因此，建立和完善平台之间的社交互动和分享机制对促进社交成员之间的信息分享行为，进而缓解"信息茧房"的问题也具有重要意义。

▶▶ 四、建立和优化"算法价值观"，关注社会公共利益

尼尔·波兹曼（Neil Postman）这样描述进入电视时代以来人们"娱乐至死"的情景，人们的话语以娱乐的形式出现，并成为一种文化现象。人们所有的政治、文化和商业活动都彻底沦为娱乐的附庸，"毫无怨言，甚至无声无息，其结果是我们成了一个娱乐至死的物种"[1]。大众的这种娱乐态度在社交媒体时代并未消减，反而因社交媒体的碎片化、自发性、去中心化等特征而愈加明显，算法的信息分发技术在其中更是起了推

---

[1] 尼尔·波兹曼. 娱乐至死 [M]. 章艳, 译. 桂林：广西师范大学出版社, 2004: 4.

波助澜的作用。打着"技术中立论""算法没有价值观"旗号的社交媒体平台，通过对算法的塑造，进而用算法塑造着受众。社交媒体平台的算法不加区分地一味迎合受众，以获取注意力资源和满足商业需求为最终目的，给用户推送大量具有明显导向性特征的刺激性、娱乐性信息，损害了信息本该具有的社会价值，甚至让受众产生"精神麻痹"。简单来说，有时候越低俗、离奇、惊悚的内容越有人看，它在平台上的热度就越高，而平台算法本身又以热度为主要的取值点，这样就会造成一种状况：内容越低俗、离奇、惊悚，越会被那些平台更多地推送。① 依靠点击量和热度进行内容分发的算法，所带来的不仅仅是"信息茧房"的问题，更是整个社会认知水平和审美情趣的下滑，甚至会产生"内容下降的螺旋"（图3-5）。

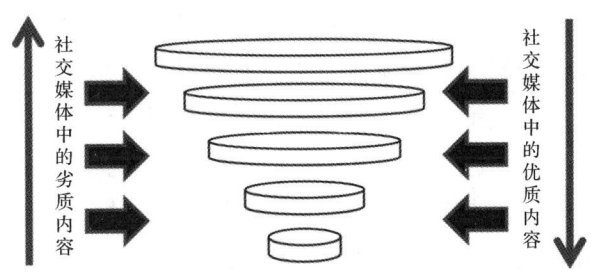

图3-5 社交媒体中优质内容被淘汰的螺旋

解决"信息茧房"的问题，从本质上来说就是解决算法及其背后的伦理价值的问题。现今的个性化推送只关注人们表露出来的浅层兴趣，将信息的趣味性与重要性混为一谈，将信息的热度与推送的正当性混为一谈。算法在把有趣和热度作为最重要的推送原则时，就忽略了人们真正重要的、更深层次的信息需求是社会公共利益问题的呈现、解决与预防。传媒的公共性体现在作为社会公器服务于公共利益的形成与表达的实践逻辑上。完全以算法作为社交媒体平台内容分发的原则会导致编辑的缺位，尤其是逐利性的商业算法使得公共性、突发性、政治性等严肃性话题的内容难以通过审查，最终造成媒体公共内容呈现的减少和媒体公共性的缺失。

对于社会公共价值相关内容的推送不仅仅能吸引受众注意、扩大受众知识面、打破"信息茧房"，将被娱乐信息包围的受众"解放"出来，更能帮助解决受众和社会面对已出现的和潜在的问题，满足个人真正的、实在的信息需求，树立正确的个人价值观和社会主流价值观。算法作为当今信息分发的原则，须发挥自身作用，首先就是要确立其自身的价值观：推送什么样的信息？选择怎样的推送原则？怎样去把控用户信息浏览的平衡？将什么样的信息作为主流？要把主流价值观应用到算法中去，实现对信息内容的把关和对用户使用积极性的引导，也要将偶然性因素作为算法推送的一个新的原则，来

---

① 宋建武. 智能推送为何易陷入"内容下降的螺旋"：智能推送技术的认识误区 [J]. 人民论坛，2018（17）：117–119.

增加用户偶遇信息的概率，打破"信息茧房"。其次在使用算法的过程中也要坚持人机协同，在人本原则下实现人与智能机器的交互协作，把人作为智能的总开关，让人居于统摄地位[①]，使算法能够遵循人类道德规范的标准，合理、规范地为人类社会服务，改进算法以增加"信息偶遇"的机会，让人们摆脱"信息茧房"的枷锁，重新塑造社会公共价值，建构健康的信息环境，实现工具理性与价值理性的统一。

五、结语

在探讨算法是否会导致"信息茧房"的问题时，人们常将其和传统媒体时代编辑对内容的筛选效果做比较，或是和用户自主筛选的效果来对比，这就像是询问菜单上新添的炸薯条含有多少反式脂肪酸，然后被告知老早就售卖的汉堡中也有反式脂肪酸，需要重新考虑这样的论证思路和逻辑本身是否存在问题。从总体上看，算法是否会加剧"信息茧房"的问题缺乏可信的实证研究，无论是对其进行"证实"还是"证伪"，主要的难点，在于基于算法来进行新闻内容推送的商业平台把握着用户的数据，使得研究者只能通过极为有限的手段来获取少量数据进行研究，同时，属于平台的科研团队虽然可以掌握数据，但其可信性和客观性打了折扣，因其有可能不向外界公布不利于该平台的研究结果。

不可否认，进入算法新闻的时代以后，新闻分发和获取的效率显著提升了，甚至人们感兴趣的信息也会自动呈现于眼前，人类社会似乎进入了一个空前便利的时代。但社会的发展是一个平衡的有机体，在追求极致的技术使人们享受便利和高效的同时，另一种不平衡造成的危险正在向人们围拢。人们各自被"信息茧房"隔离时，价值观的共识将会越来越难以形成，社会的割裂也将日渐临近，极端主义情绪便在一些国家和地区上演。无论实证或是思辨研究在多深程度上将"信息茧房"归因于用户个人还是推荐算法或者两者的复合作用，算法设计和功能上的改进都能应对信息窄化效应和一定程度上解决推送内容质量下降的问题。

要想实现算法技术的良性发展，就要把握技术价值、社会价值与商业价值三者之间的平衡，把握工具理性和价值理性两者之间的平衡。工具理性强调把技术的效用发挥到最大，价值理性则强调伦理的重要性。目前，算法技术在信息分发与推荐领域所面临的最大问题就是如何找到工具理性和价值理性的平衡点。这意味着要在对算法伦理和价值有清醒的认识和坚守的前提下，快速创新和发展技术，同时要意识到技术和社会的互动作用，将技术的社会价值放在首位，重视算法技术对社会的推动作用，努力实现技术和社会的良性互动。若是一味追求商业利益，忽略价值理性，不仅会导致社会的混乱，也会反过来阻碍技术的创新和进步。

---

① 杜娟. 走向人机协同：算法新闻时代的新闻伦理[J]. 新闻爱好者, 2019 (9)：21-25.

【思考题】

1. 结合社交媒体使用经验，思考造成"信息茧房"现象普遍发生的原因有哪些？
2. 你认为"信息茧房"会对个人和社会产生什么样的影响？
3. 在使用社交媒体的过程中，你是否出现过"信息偶遇"的情况？能否举例说明并详细描述当时的具体情境？
4. 结合"信息偶遇"的相关内容，思考还有哪些应对"信息茧房"的措施。

【推荐阅读书目】

[1] 凯斯·桑斯坦. 网络共和国：网络社会中的民主问题 [M]. 黄维明，译. 上海：上海人民出版社，2003.

[2] 凯斯·R. 桑斯坦. 信息乌托邦：众人如何生产知识 [M]. 毕竞悦，译. 北京：法律出版社，2008.

[3] 凯斯·桑斯坦. 标签：社交媒体时代的众声喧哗 [M]. 陈颀，孙竞超，译. 北京：中国民主法制出版社，2021.

[4] 尼尔·波兹曼. 娱乐至死 [M]. 章艳，译. 桂林：广西师范大学出版社，2004.

[5] 田梅. 移动互联网信息偶遇行为研究 [M]. 北京：科学出版社，2020.

第四讲

当下中国网络话语权的社会阶层结构分析[①]

[①] 本讲原文发表于《国际新闻界》，2010年5月，略有改动。

本讲旨在结合社会分层理论，通过对网帖的内容分析，判断"网上说话人代表的阶层"，进而探索当下中国网络话语权的阶层结构。本讲用定量研究的方法证实网络言论更多地代表社会中间阶层的"民意"，"社会中间阶层"掌握的网络话语权比例最大，"社会上层"次之，而占有人口大多数的"产业工人""农业劳动者"等掌握社会资源较少的"底层"掌握的网络话语权比例非常小；中间阶层掌握更多网络话语权的状况有利于规避社会上层通过传统媒体垄断社会公共话语权的风险，但社会各界在重视网络舆论的同时，不能忽视了占人口多数的"社会下层"的话语诉求。此外，本讲认为网络空间为"社会中间阶层"提供了话语平台，但当下并没有解决"产业工人""农业劳动者"等阶层的话语表达问题，话语权结构不平衡是当下群体性事件频发的诱因之一。

在任何历史时期，社会各阶层均需要通过话语表达来确立本阶层的存在，从而参与社会资源的分配、维护阶层的利益。但社会各阶层的话语权存在强弱之分。在当下中国，互联网迅速发展，网络话语权在社会中的影响力日渐增强，使得主要依靠传统媒体把握社会公共话语权的模式被打破，各阶层的话语权占有格局正在被改写。本讲试图剖析当下中国网络话语权的社会阶层结构及其产生的社会影响。

第一节　中国社会的阶层结构与话语权

目前对于互联网用户特征的研究比较多，但对于互联网用户中"谁在网上说话"，即"谁拥有多少互联网话语权"的研究相对较少。本研究旨在通过对互联网言论的内容分析，逆向判断"网上说话人的阶层"，剖析当下我国各阶层的网络[1]话语权结构，从而更加明确网络言论更多地代表了哪个阶层的"民意"。

（一）当下中国的社会阶层结构

"社会阶层是指利益分化过程基本完成，经济、政治和社会地位相对稳定的集团。"[2] 按照韦伯的观点，社会分层必须综合考虑物质财富、社会声望和政治权利的拥有状况，结合这三个维度的多元指标来进行分层。运用"社会阶层"的概念进行社会分层研究体现的是一种多元的阶层划分标准和非对抗的、整合社会各阶层的"功能论"的阶级阶层分析思路。对于中国当下社会阶层的划分，社会学者们大多围绕韦伯的观点进行研究，但在具体细化的划分标准上也各有不同。陆学艺在《当代中国社会阶层研究报告》中提出了以职业分类为基础，综合考虑组织资源、经济资源和文化资源占有状况

---

[1] 本讲中"网络"均指"互联网"，"网民"指"互联网用户"。
[2] 刁乃莉. 近年来中国社会阶层研究综述[J]. 学术交流, 2009 (10): 141-144.

的划分标准。① 李强综合分析了社会分层的十种标准：生产资料的占有、收入、市场地位、职业、政治权利、文化资源、社会关系资源、社会声望资源、民权资源和人力资源，指出十种标准的侧重点各有不同，社会学家采用何种标准进行研究，需要明确哪一种标准更有利于缓和社会矛盾、协调社会关系。② 另外还有学者提出了消费水平和消费方式、阶层归属意识的划分标准。从整体而言，目前学术界较为主流的看法是：把"职业"作为社会分层的标准，把资源占有作为基本维度，并辅之社会经济地位综合指数的测量。③

依据以上学者们达成共识的分类标准对社会阶层结构进行划分，1978年改革开放以后，中国社会分层结构已经由改革开放前的两个阶级（工人阶级和农民阶级）和一个阶层（知识分子阶层），演化形成农民阶层、工人阶层规模缩减，其他阶层多元共存的社会分层结构。

在对当代中国社会阶层的划分中，最有代表性的观点是陆学艺对中国（除港、澳、台地区）社会群体划分的10个阶层。④ 10个阶层包括"国家与社会管理者阶层""经理人员阶层""私营企业主阶层""专业技术人员阶层""办事人员阶层""个体工商户阶层""商业服务业员工阶层""产业工人阶层""农业劳动者阶层""城乡无业、失业、半失业者阶层"。

此外，在对当前中国社会结构变迁研究及趋势分析中，许多专家和学者都提到了"中产阶级""中间阶层""中间层"等概念。虽然对于目前中国是否形成或存在"中产阶级"、多大比例的人口是"中产阶级"、如何定义"中产阶级"，学者们的观点存在分歧，但多数学者认为中国目前客观存在这样的"中间阶层"。陆学艺认为"社会中间阶层"是由他划分的10个阶层中的"专业技术人员""办事人员""个体工商户""商业服务业员工"4个阶层构成的。

陈光金根据2005年全国1%人口抽样调查数据，结合陆学艺的社会分层观点，绘出我国社会各阶层人口量结构图（图4-1），并指出中国社会阶层结构已经具备现代社会阶级、阶层结构的雏形，但其基本形状仍是一种金字塔形，"结构底层"比重过大，"中间层"规模过小，不利于结构的稳定及与此相关的利益关系的自我调节。⑤（社会"中间层"规模的增大有利于社会结构的稳定。）

---

① 陆学艺. 当代中国社会阶层研究报告 [M]. 北京：社会科学文献出版社，2002：8.
② 李强. 社会分层十讲 [M]. 北京：社会科学文献出版社，2008：12—22.
③ 李培林，李强，孙立平，等. 中国社会分层 [M]. 北京：社会科学文献出版社，2004：8.
④ 陆学艺. 当代中国社会阶层研究报告 [M]. 北京：社会科学文献出版社，2002：9.
⑤ 陈光金. 改革开放以来中国社会结构的现代化转型 [C] //中国社会科学院社会政法学部. 改革开放 繁荣发展：中国社会发展和依法治国的实践与探索. 北京：社会科学文献出版社，2009：23.

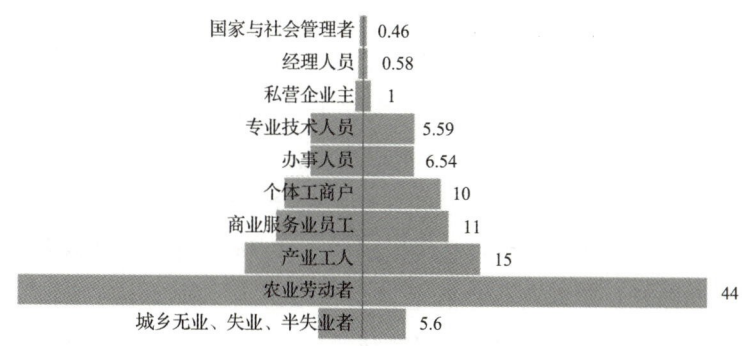

图 4-1　2005 年中国社会阶层人口量结构图①

(二) 话语权与网络话语权

话语，最早是语言学中讨论的概念，指比语言小、比句子更大的语言结构，它具体地指实际语言运用中具有一定交际目的和内容及形式上的完整性的口语或书面语句单位。② 20 世纪，话语概念突破了语言学的界限，逐渐从语言学领域扩展到其他领域，在抽象的意义上指称用词语表达的具有特定知识价值和实践功能的思想客体，如哲学话语、政治话语、历史话语等，话语开始具有了社会的、历史的维度。③ 福柯在对话语进行深入研究的过程中，指出了话语实践运作中的权利关系。诺曼·费尔克拉夫在《话语与社会变迁》一书中探讨话语分析时指出，批判的话语分析方法不同于非批判方法的地方，"不仅仅在于描绘了话语实践，而且在于揭示了话语如何由权力与意识形态的关系所构成，揭示了话语对于社会身份、社会关系以及知识和信仰体系的建构作用"④。

话语权，即为了表达思想、进行言语交际而拥有说话机会的权利。⑤ 从个人的角度来看，它属于表达权的一部分，是公民对其关心的国家事务、社会事务及各种现象提出意见和发表意见的不可剥夺的民主权利⑥；从群体的角度来看，"话语意味着一个社会团体依据某些成规将其意义传播于社会之中，以此确立社会地位，并为其他团体所认识的过程"⑦。话语与权利密不可分，真正的权利是通过话语来实现的，话语不仅是施展权利的工具，还是掌握权利的关键。⑧

对于社会各阶层而言，为了维护阶层的利益并在社会资源分配中占据主动权，各个

---

①　资料来源：2005 全国 1% 人口抽样调查数据。
②　刘学义. 话语权转移：转型时期媒体言论话语权实践的社会路径分析 [M]. 北京：中国传媒大学出版社，2008：13.
③　刘学义. 话语权转移：转型时期媒体言论话语权实践的社会路径分析 [M]. 北京：中国传媒大学出版社，2008：14.
④　诺曼·费尔克拉夫. 话语与社会变迁 [M]. 殷晓蓉，译. 北京：华夏出版社，2003：12.
⑤　郭继文. 从话语权视角谈和谐世界 [J]. 前沿，2009 (10)：30-32.
⑥　马圆圆. 网络话语权的出卖现象研究：以网络"水军"为例 [J]. 新闻爱好者，2009 (17)：44-45.
⑦　王治河. 福柯 [M]. 长沙：湖南教育出版社，1999：159.
⑧　王治河. 福柯 [M]. 长沙：湖南教育出版社，1999：183.

阶层都在通过自己的方式行使话语权。进入现代社会以后，通过媒体来行使话语权也成为越来越有效的方式。但是由于数量规模、社会地位、资源占有、整体素质的差异，不同社会阶层话语表达的意愿、渠道差异较大，于是所形成的社会声音存在强弱之分。"社会上层"拥有较多的组织资源、经济资源和文化资源，比较容易行使话语权，从而成为主流话语，起到一种"压服"的作用；而"社会下层"，只拥有较少甚至不占有社会资源，在这种情况下，他们的声音是很微弱的，可以轻易地被漠视和压制。

网络的发展与普及，使得更多的社会阶层得以进入。在我国互联网普及的最初几年，网络用户多是占据社会较多政治、经济或文化资源的群体。据1997年10月中国互联网络信息中心（CNNIC）的统计报告显示，网络用户主要分布在计算机（15%）、教育（包括学生群体，共占26.9%）、科研（12.8%）等领域及厂矿企业（11.1%）、国家机关、党政机关和社会团体（9.4%）中。截至2009年年底，中国网民规模达到3.84亿人，在总人口中的比重达到28.9%。与早期的职业分布相比，更多社会中下层群体开始接触和使用网络，2009年无业/下岗/失业人员、产业/服务业工人、农民群体等网民比重呈现小幅增长趋势。其中农村网民规模达到10 681万人，同比增长26.3%，但低于2008年增长速度，也低于2009年整体网民增幅。

在网络环境下，各阶层的话语表达相对自由、开放和多元。随着互联网的普及，网民的阶层结构始终处在动态的调整过程中，这样的网民结构间接影响了各阶层的网络话语结构。一方面，学者们看到了网络对于行使话语权的积极意义，网络话语权具有权利和权力的双重属性，使得言论自由化和多元化，其主体更加平民化①，政府也以对待"民意"的姿态对待网上言论；但另一方面，"网络言论在多大程度上代表社会舆论"一直是学者们质疑的地方。

（三）"数字鸿沟"的持续增大

2010年4月15日，中国互联网络信息中心发布《2009年中国农村互联网发展状况调查报告》（以下简称《报告》）。《报告》显示，截至2009年12月底，中国农村网民规模已经达到10 681万人，虽然网民规模不断扩大，但从普及率、网民结构、网络应用三个方面来看，城乡互联网差距持续拉大。

从城乡互联网的普及率来看，互联网在城镇的普及率是44.6%，在农村仅为15%。《报告》对比了2007年以来中国城乡互联网的发展差距：2007年，城乡互联网普及率的差距仅为20.2%；2008年，差距扩大为23.5%；2009年，差距扩大为29.6%。农村互联网发展速度慢于城镇发展速度，互联网在城乡的差距不断扩大，城乡之间的"数字鸿沟"有扩大的趋势。

《报告》中分析，在导致农村互联网增速放缓的因素中，"农村地区网络基础知识

---

① 毛旻铮，李海涛. 政治文明视野中的网络话语权［J］. 南京社会科学，2007（5）：98-102.

匮乏，对互联网的认知存在偏差""农村互联网相关基础设施薄弱，公共上网资源匮乏""农村上网成本相对于农民收入水平仍较高"是最重要的三大原因。此外，"年轻化、低学历、学生群体"是农村网民的主要特征。

而据中国网《2008年互联网舆情分析报告》显示，常在网上发表言论的网民，35岁以下的占78.8%，大专以上学历的占79.2%，月收入在2 500元以下的占68.6%，在企业工作的占36.9%，这些人是构成"新意见阶层"的主体。以上两项研究可以说明，农村网民中在网上发表言论者所占比例非常低。

本讲将在以上研究的基础上，对"网络言论在多大程度上代表社会舆论""当下中国网络话语权的阶层结构如何"等问题进行研究。

第二节 中国网络话语权的社会阶层结构分析

一、网络话语权的内容分析

网络论坛、网站新闻跟帖评论、博客、个人主页等空间是网民话语表达最为活跃的场所，在这些空间发表的帖文都有可能成为非常受关注的网帖，被广泛转载和浏览，发表帖文成为网民表达话语最主要的一种形式。我们选择一段时间内在以上网络空间中浏览数量最多的帖文逐条进行内容分析，从而确定帖子的内容所代表的社会阶层话语，进而探索当下中国的网络话语权阶层结构型态。（图4-2）

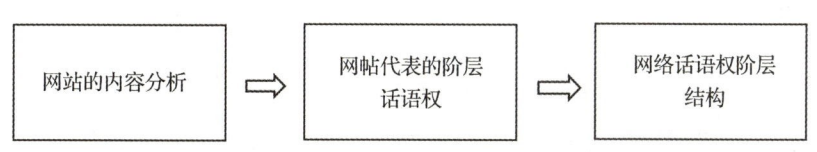

图4-2 研究框架图

考量网帖代表哪个阶层的话语权，主要依据网帖"为谁说话""叙述谁的话语"来确定代表"谁"的话语权，具体来看，我们采用如表4-1所示的话语权阶层分析法。

表4-1 话语权阶层分析法

网站内容	网帖代表的阶层话语权
诉求A阶层的利益 ⇒	A阶层的话语权
表达A阶层生活中的喜、怒、哀、乐、好奇、有趣之事 ⇒	A阶层的话语权
A阶层批评B阶层 ⇒	A阶层的话语权
不确定阶层的人批评B阶层 ⇒	不能确定哪个阶层的话语权

具体来看,我们选取2009年12月间3个时间点,对网络上浏览量前500名的帖子共1 500条帖文进行逐条分析,通过帖子内容的话语表达,确定发帖者身份和阶层。人民网的舆情频道"论坛排行"中将2~3天内网络中浏览数最多的500个帖子搜集了起来,因此,我们分别于2009年12月16日、22日、29日,对人民网舆情频道搜集的网上浏览量前500名的帖子(3日共1 500条)进行内容分析,除去被删除的网帖,最终获得有效帖文总数为1 374条。

▶▶ 二、网络话语权的社会分层

考虑到网帖的匿名性,而且网帖表达的内容丰富多样,有些并不容易明确判断其表达哪个阶层的话语,本讲结合陆学艺的观点,对社会阶层进行了两个层次的分类(表4-2)。

表4-2 两个层次的社会阶层分类

第一层次分类	第二层次分类
社会上层	国家与社会管理者
	经理人员
	私营企业主
社会中间阶层	专业技术人员
	办事人员
	个体工商户
	商业服务业员工
社会下层	产业工人
	农业劳动者
	城乡无业、失业、半失业者

第一个层次为"社会上层""社会中间阶层""社会下层","社会中间阶层"包括"专业技术人员""办事人员""个体工商户""商业服务业员工"等陆学艺所划分的10个阶层中的4个阶层[①],我们将较中间阶层人均收入较高的"国家与社会管理者阶层"

---

① 陆学艺. 当代中国社会阶层研究报告[M]. 北京:社会科学文献出版社,2002:46.

"经理人员""私营企业主"划为"社会上层",将较中间阶层人均收入较低的"产业工人""农业劳动者""城乡无业、失业、半失业者"划为"社会下层"。①

第二个层次即陆学艺所划分的10个阶层。

我们在研究中将按照以上两个层次对网帖所代表的阶层话语进行阶层划分,并从两个层次研究网络话语权的阶层结构型态。

▶▶▶ 三、数据分析

我们对1 374条有效帖文进行了逐条分析,最后发现能明确划分为代表"社会上层""社会中间阶层""社会下层"三大阶层话语权的帖文数为1 031条,不能确定代表阶层的为343条,分析的有效帖文数为75%,进行10%的归类一致性编码信度(Intercoder-reliability)检验,CA值为80%;能明确划分分别代表"国家与社会管理者""经理人员""私营企业主"等10个阶层的话语权的帖文数为594条,即有437个帖子可以确定在社会上、中、下三大阶层中,但是并不能细分到10个阶层中,进行10%的归类一致性编码信度(Intercoder-reliability)检验,CA值为78%。以下是具体数据的分析。

(一)网站浏览数与回复数呈现显著正相关,沉默的螺旋在网络话语表达中式微

分析数据发现,尽管我们收集的是网络空间中的2~3天之内浏览量前500名的帖子,但是帖文的浏览数仍然十分悬殊,在所分析的样本中,最大浏览量为770 749,最小的却只有957,标准差为61 387.7(详细统计数据见附录)。从帖文正态分布图中也可以看出,大部分帖文的浏览量在20万以下,浏览量在20万以上的,有一条长长的尾巴,即有数量较少的帖子拥有较高的浏览量,也说明网络议题的集中度较高。

另外,浏览量前500名的网帖主要发表或转载于天涯、新华、网易、凤凰等一些网站或论坛中,如表4-3所示。

表4-3 浏览量前500名的网贴的有效帖文的网站/论坛分布情况

网站/论坛	帖文数量/条	占比/%	有效百分比/%	累积百分比/%
新华网	361	26.3	26.3	26.3
天涯论坛	707	51.5	51.5	77.8
凤凰网	50	3.6	3.6	81.4
网易	113	8.2	8.2	89.6

---

① 这里的社会"上、中、下"三个阶层的划分,主要以陆学艺等社会学者的划分依据为基础,按照经济收入和占有社会资源多少的原则进行,是为学术表述方便而用,并无道德评价和等级之分。

续表

网站/论坛	帖文数量/条	占比/%	有效百分比/%	累积百分比/%
央视网站	35	2.5	2.5	92.1
华声论坛	46	3.3	3.3	95.5
其他网站或论坛	62	4.5	4.5	100.0
共计	1 374	100.0	100.0	

此外，网民并非网络议题的旁观者，网帖的浏览量与回帖量呈显著正相关，说明网民对于关注的事情并非"只看不说"，他们越关注的事情也越倾向于表达意见。在传统社会中，对于公共议题，人们由于顾忌重重，往往只有少数人说话，多数人则沉默或附和，即出现"沉默的螺旋"的现象。这种现象在网络社会中渐显式微，网民表现出"关心即要表达"的局面。我们认为其原因一是与网帖的匿名性有关；二是中国经过最近几年网络公共话语空间的发展，网民已意识到网络舆论会在现实社会中产生较大的影响和作用。

（二）网络话语权集中在中间阶层

在第一个层次的社会阶层分类中，我们对1 031条能确定代表社会上、中、下阶层话语权的帖文进行分析后发现，网络话语权集中在"社会中间阶层"，"社会上层"次之，代表"社会下层"话语权的最少。其中表达"社会中间阶层"思想的网帖的数量是706条，占68%；表达"社会上层"思想的帖文的数量是203条，占20%；表达"社会下层"思想的帖文的数量是122条，占12%，如表4-4所示。

表4-4 代表社会上、中、下3个阶层话语权的帖文数量及比例

第一个层次	包含阶层	帖文数量/条	占比/%
社会上层	国家与社会管理者、经理人员、私营企业主	203	20
社会中间阶层	专业技术人员、办事人员、个体工商户、商业服务业员工	706	68
社会下层	产业工人、农业劳动者及城乡无业、失业、半失业者	122	12

在第二个层次的社会阶层分类中，1 031条帖文中有594条帖文能够更加细化地判断其代表了哪个阶层的话语权。其比例结构同上述三个阶层的划分较为类似，"专业技术人员"的比例最高（33%），"国家与社会管理者"次之（28%）（表4-5）。

表 4-5 代表社会 10 个阶层话语权的网帖数量及比例

第二个层次	帖文数量/条	占比/%
国家与社会管理者	167	28
经理人员	22	4
私营企业主	14	2
专业技术人员	194	33
办事人员	30	5
个体工商户	13	2
商业服务业员工	32	5
产业工人	38	6
农业劳动者	33	6
城乡无业、失业、半失业者	51	9

第三节 各阶层网络话语权及其矛盾表现

一、网络言论更多代表的是"社会中间阶层"的"民意"

从以上数据中我们可以看出，以网帖作为主要考量方式的网络话语权，主要集中在"社会中间阶层"中，在浏览数量前 500 名的网帖中有高达 68% 的是表达"社会中间阶层"的利益诉求的。在对 594 条能明确判断其所属 10 个阶层中哪一个阶层的帖文中，"专业技术人员"所占的比例最高，达 33%；同时，"国家与社会管理者"的帖文也占有较大比例，达 28%。所以，针对"网络言论在多大程度上代表社会舆论"的问题，我们认为，网络言论当下并不能完全代表社会舆论，占有中国人口总数 64.81% 的"产业工人""农业劳动者""城乡无业、失业、半失业者"只拥有 12% 的网络话语权；而占人口总数 33.14% 的"社会中间阶层"，拥有 68% 的网络话语权；占人口总数 2.05% 的"社会上层"占有 20% 的网络话语权（图 4-3、图 4-4），如果再考虑网络媒体对传统媒体新闻的转载，"社会上层"占有的网络话语权比例将会更大。当然，网民们大多认为来自非官方机构的网帖更能代表网民真实意见，所以，从目前来看，网络舆论更多的代表的是"社会中间阶层"的"民意"，而非整个社会的民意。

对于这种情况，一方面，我们应看到其进步性，即"社会中间阶层"掌握更多的网络话语权，有利于规避"社会上层"通过传统媒体垄断社会公共话语权的风险，"社会中间阶层"的发展和壮大更有利于中国社会向健康的结构型态发展，"社会中间阶层"的话语表达也更倾向于从较温和的民主协商的机制去解决社会矛盾；另一方面，我们也应该认识到，当下政府层面不能只重视网络言论，而忽视了占人口总数64.81%的"社会下层"的话语诉求。

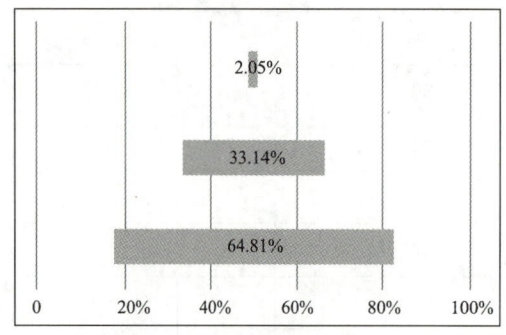 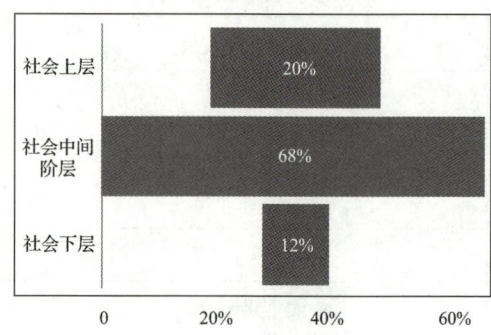

a. 社会阶层人口量结构　　　　　　b. 网络话语权阶层结构

图4-3　中国社会阶层人口量结构与网络话语权阶层结构（分3个阶层）

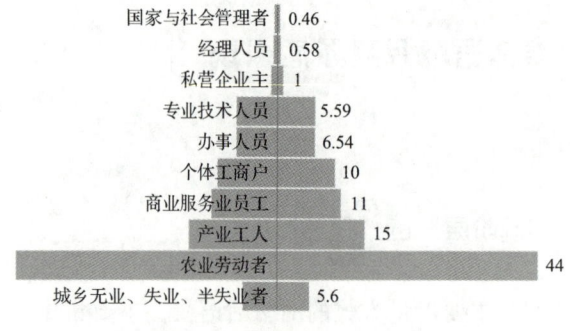 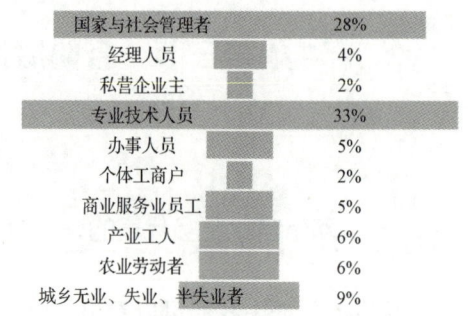

a. 2005年中国社会阶层结构　　　　　b. 网络话语权阶层结构

图4-4　中国社会阶层人口量结构与网络话语权阶层结构（分10个阶层）

二、网络话语权阶层结构与中国社会阶层结构不相协调的矛盾及表现方式

从以上的数据分析中可知，掌握网络话语权较多的是中间阶层，而"产业工人""农业劳动者"等阶层掌握较少网络话语权。如图4-3、图4-4所示，网络话语结构呈现中间大、两头小的纺锤形结构，而中国社会阶层人口量结构是上层小、下层过大的金字塔结构。这两者之间的矛盾，较为突出地表现为数量庞大的社会下层群体，包括"产业工人""农业劳动者""城乡无业、失业、半失业者"，无法通过网络表达利益诉求，话语权受到挤压，从而成为网络话语权结构中边缘化的群体。

我们认为基于这样的网络话语权阶层结构，可以在一定程度上解释中国当前的公共话语表达方式中的一些极端现象，即"社会中间阶层"靠网络表达话语，而"社会下层"则多通过集体上访、群体性事件表达话语。有媒体认为,"近几年来发生在互联网内外的群体性事件出现了交织放大的趋势,增加了群体性事件的处置难度和防范阻力。互联网已经成为一些群体性事件的主要动员手段和传播主渠道,应针对民意加大工作力度"①。我们认为以上论述中的群体性事件,应该更为准确地描述为两种类型:一种是以社会中间阶层为主的通过互联网发起的群体性事件,另一种是由"产业工人""农业劳动者""城乡无业、失业、半失业者"发起的,并非通过互联网组织的群体性事件。

中国社会阶层人口量结构是一个典型的金字塔形的结构,而中国当下持续增大的贫富差距使得收入分配形成了倒金字塔的形态,这造成了中国社会的结构性矛盾,而作为这种矛盾缓解途径之一的社会公共话语表达机制,也同社会阶层结构并不协调。

"社会下层群体"由于占有有限甚至不占有社会资源,在就业机会、收入分配、医疗社保、教育住房等各种问题上,远远落后于社会其他阶层的待遇,成为社会中的弱势阶层。话语表达的制度方面,中国已经初步建立起了包括人民代表大会制度、政治协商制度、信访制度、政党利益表达制度和行政领导接待制度等在内的人民利益表达制度体系。② 从理论上讲,社会各阶层成员,包括农民群体在内都可以通过自主选择多元的表达方式来表达利益诉求。但有学者认为,人民代表大会制度的操作与代表人民的理想之间存在距离,政治协商制度存在局限,信访制度链条断裂,行政领导接待制度有形式化倾向。③ 而传统媒体中对于"产业工人""农业劳动者""城乡无业、失业、半失业者"话语表达的空间也日渐萎靡,农村几乎成为媒体的荒漠。④ 这使得"产业工人""农业劳动者"等弱势群体很难通过这些制度有效地表达自己的话语。

在社会自愿分配中越来越被边缘化的状况,促使社会下层群体急于表达自身的利益诉求,但当这些急切的利益诉求表达遭遇现有的民意表达机制存在的种种缺陷,甚至网络言论表达也处于边缘化的状态时,非体制的、采取极端行为的表达方式成为社会下层群体最有效的选择,我们认为这些乃是近年来群体性事件频发的最朴素的诱因。

所以我们认为网络空间解决了中间阶层的表达话语的问题,但是当前网络话语平台并没有解决工人、农民等阶层在当代中国社会表达话语的问题,而这个群体占有中国人口的绝大多数,是中国社会健康、稳定的基石。

---

① 郭奔胜,季明,代群,等. 网络内外群体性事件有交织放大之势 [J]. 瞭望,2009 (6):12.
② 王勇. 城市化进程中失地农民的利益表达:以川北某开发区失地农民为例 [D]. 武汉:华中师范大学,2007.
③ 王勇. 城市化进程中失地农民的利益表达:以川北某开发区失地农民为例 [D]. 武汉:华中师范大学,2007.
④ 李红艳. 乡村传播与农村发展 [M]. 北京:中国农业大学出版社,2007:175.

三、研究的不足之处

本讲旨在探索中国当下网络话语权的结构,但在研究中未能将网络媒体对传统媒体文章转载的因素设计到研究模型中,对此只在文中做了定性的叙述,此外,在线交流等其他影响网络话语权的因素也没有设计到研究模型中,今后研究者可考虑规避以上不足。

附录:网站浏览量描述性统计数据

N	Valid	1374
	Missing	0
Mean		2.7287E4
Std. Error of Mean		1.65610E3
Median		9.7475E3
Mode		4.36E3[a]
Std. Deviation		6.13877E4
Skewness		6.257
Std. Error of Skewness		0.066
Kurtosis		51.636
Std. Error of Kurtosis		0.132
Range		7.71E5
Minimum		957.00
Maximum		7.71E5
Sum		3.75E7
Percentiles	25	5.9630E3
	50	9.7475E3
	75	2.0980E4

a. Multiple mode exist. The smallest value is shown

【思考题】

1. 中国网络话语权的阶层结构是什么样的?
2. 中间阶层掌握网络话语权有什么影响?
3. 网络言论在多大程度上代表中国社会的民意?

【推荐阅读书目】

[1] 李强. 当代中国社会分层 [M]. 北京：生活·读书·新知三联书店，2023.

[2] 李路路. 社会分层与社会流动 [M]. 北京：中国人民大学出版社，2019.

[3] 格尔哈特·依斯基. 社会分层的理论 [M]. 关信平，陈宗显，谢晋宁，译. 北京：社会科学文献出版社，2018.

[4] 诺曼·费尔克拉夫. 话语与社会变迁 [M]. 殷晓蓉，译. 北京：华夏出版社，2023.

第五讲

社交媒体分发算法演进与传播生态变革①

---

① 本讲是在赵国宁博士论文《中国互联网媒介内容分发算法衍变研究》的基础上删改而成的。

社交媒介为线上用户间的信息交往提供了技术支撑——平台，同时，社交媒体算法程序的功能化表达，即平台功能特征的设计也限制、鼓励着用户的某些特定行为，多样化的设计组合营造出了不同社交媒介既相似又迥异的传播生态。社交媒体平台公司依据用户表现与运营需要，用算法不断调整人与媒介的交往，以达成技术公司的运转需求。用户则在不同算法特征的社交媒体间辗转腾挪，实现个人不同的信息交换需求。

本讲梳理了社交媒体的算法原理与更迭历程，并在此基础上进一步分析社交媒体环境更迭带来的人与人、人与信息交往的传播生态变革。

第一节 社交媒体发展与算法更迭

社交媒体发展与互联网技术的更新同步前进。在技术层面上，早期社交媒体——BBS/论坛——可以视为对网站评论功能的突出与扩张，是特殊的交互性网站。其中，BBS 主要是基于 telnet 协议架构起来的线上信息发布平台，论坛则主要是依靠网页的 HTTP 协议搭建起来的线上讨论空间。

接下来出现的博客，依然可以被视为特殊类型的网站，普通人可以跳过搭建网页繁复的专业技术而直接获得个人主页，这个网站赋予了每个主体开通个人频道的权力。

其后 SNS（Social Network Sites）的出现，如人人网、微博、微信等，其技术支撑，相较于前一时期有了一定的改变，整体上依然是网站技术，但算法原理复杂度有所提升。相似之处在于，其依托的是经典的 LAMP[①] 系统架构，为典型的动态网站的技术框架。其运作流程为，Apache 接受用户的连接请求，提供 Web 服务，当请求为静态网页时直接返回页面，当请求为动态网页时则访问 PHP 程序，由 PHP 连接 MySQL 数据库进行解析，并将结果返回给 Apache，最终形成返回给用户的网页。该流程与访问网页流程几乎别无二致。

SNS 与以往网站的差异性表现在朋友列表信息的同步更新上。BBS/论坛、博客时期，点击发布按钮就意味着流程的结束，这些信息不会主动更新到"关注者"的首页上，而是被动地等待人们去检索发现。在 SNS 框架下，一个用户的动态发布会同步到其粉丝或好友列表中，并按照时间顺序进行发布内容的排列。该技术的算法实现原理如下，用户在个人社交媒体平台上发布信息后，内容首先将存储到就近的内容分发网络

[①] LAMP 是指一组通常一起使用来运行动态网站或者服务器的软件名称首字母缩写，其意思分别是：L-Linux（操作系统），A-Apache（网页服务器），M-MariaDB 或 MySQL（数据库管理系统或数据库服务器），P-PHP 或 Python（脚本语言）。

(Content Delivery Network，CDN)① 节点，并记录 URL 地址；个人动态页面（如微博首页、微信朋友圈、人人网新鲜事等）接收到更新消息后触发更新，并进一步完成个人"相册""时间线"的更新；接下来则触发消息批量分发机制，将用户新发布的动态通知所有的好友（或可见的人），并嵌入"好友"的"时间线"中。至此，才完成了信息的发布与传播。在该过程中，消息的批量分发会对服务器造成较大压力，尤其是微博，一位知名博主或许有数百万名粉丝。于是有些平台采取了区分策略，对于活跃用户进行同步更新，保证他们第一时间阅读到最新内容，对于不活跃用户则滞后更新（或异步更新），保证他们能阅读内容的同时也降低服务器压力。

以上是社交媒体的基本发展历程与算法技术支撑，但现实情况往往更为复杂。这是因为，首先，媒介的发展不是覆盖，而是叠加的过程，早期媒介形态会在发展过程中不断叠加新的功能，为用户行为提供技术层面的支持，形成新的传播生态。比如以早期 BBS 为原型的论坛、社区型社交媒体，并未随着 Web 2.0 社交媒体平台的出现而消亡，而是衍生出了贴吧、豆瓣、知乎等新的社交媒体平台，除继承论坛原型之外，还在媒介平台设计上提供了新的功能选择，使其呈现出与 BBS 既相似又差异化的传播生态。这些微小的差异就是建立在算法编写基础上的。如在 BBS 与贴吧的区分上，后台管理系统的差异，使得不同用户主体间的绝对地位差异被削弱。BBS 论坛后台由管理员统一管理，其规则也由管理员一并制定，这使得用户无论在任何板块言论、行为失当，都会被整个论坛排除。贴吧则不然，虽然也有吧主的存在，但其后台并非统一管理，而是采取了更为灵活的管理方式，吧主可以制定规则，但规则并不在贴吧内统一通用，每个贴吧内部可以有不同的规则，因此，用户在一个贴吧内被禁言并不影响其在其他贴吧上发言的权力。另外吧主也不是"终身制"，而是根据管理者的活跃度进行周期性替换，一旦管理员疏于管理，便会被"官方"撤掉，活跃用户则有机会成为新的管理者，管理者的更换意味着规则制定权甚至话题走向的巨大反转，这也使得"艾斯吧的复仇"② 成为可能。

其次，在同为 SNS 类型社交媒体内部，也因在算法层面对熟人与陌生人连接的区

---

① CDN 是一种基于 Web 的网络体系结构，它采用缓存、复制、负载均衡和客户请求重定向等技术，基于 Internet 构筑一个地理上分布的内容递送和先进的流量分配网络。通过网络的动态流量分配控制器将用户的请求自动发布到最接近用户的网络"边缘"，引导用户就近访问，解决 Internet 网络拥塞状况，提高用户访问网站的响应速度。马明霞，张学军. CDN 技术及其在图书馆局域网中的应用 [J]. 现代图书情报技术，2004（4）：13-15.

② 一个 ID 为"23ka23"的用户，在艾斯吧里度过了 5 年卧底生活，最终成功当上新吧主，将奥特文化带回了艾斯吧。艾斯吧本来隶属于 4 位艾斯，分别是《奥特曼》里的"光线王子•波特艾斯"、《推理之绊》里的"艾斯•拉赛弗德"、《海贼王》里的"火拳•波特卡斯•D. 艾斯"和《最终幻想零式》里的"艾斯"，但由于作品热度和时间原因，该贴吧讨论话题被定调为以讨论《海贼王》火拳•艾斯为主，这使得艾斯吧彻底沦为了火拳•艾斯粉的殖民地，讨论其他艾斯则会被视为异端。在这种情况下，许多奥特曼粉丝不敌火拳•艾斯人多势众，纷纷派路其他聚集地。这位 ID 为"23ka23"的用户，则在该贴吧热度降下来之后，趁着前任吧主疏于管理被撤掉吧主身份之时，以 1 票领先的优势当选为新任吧主，将艾斯吧恢复为专门讨论奥特曼的地方，并删掉火拳•艾斯的所有帖子。

分，而带来不同的社交媒体生态。如微信以典型的熟人连接塑造了微信平台上强连接的社交传播生态；微博则以对熟人和陌生人的连接塑造了弱连接的社交传播生态。

最后，除以上较高维度的技术可供性对信息传播及宏观传播生态的影响之外，较低维度的技术可供性同样具有不可忽视的影响。① 如有研究表明，Twitter 允许发文长度的增加（字符长度限制增加为原来的 2 倍），使得线上的讨论更加文明和更具有建设性，但同时带来讨论中同理心和尊重感下降的新问题。② 在中国语境中，微博长文章的实现，以及 2016 年对字数限制的解放，也对微博信息传播生态带来改变。长文对写作能力的要求，让"精英"优质长文重新回归，成为具有广泛传播潜质的内容，不具备优秀文字组织能力的普通用户逐渐退化为平台上的边缘群体，他们围观、评论，但很少被围观、被评论，掀起"大风大浪"一夜成名的可能性逐渐降低。除字数限制之外，同属 SNS 类中不同社交媒体平台的差异化功能还有很多，比如微博热搜功能，微信的公众号、服务号、订阅号的搭建，"再看"功能的添加，以及近年来随着短视频兴起的对视频的不同整合方式，等等。媒介间差异性庞杂且错乱，实现了平台间应用方向的区分。

综合来看，社交媒体的算法，从宏观运行原理与功能特征角度而言，大体上与网站类似，但相较于网站时期更为复杂，为用户的操作提供了更多的功能设计，算法结构也更为复杂。对于信息分发而言，社交媒体算法也与网站类似，它只提供信息呈现的载体，为用户生产与发布信息提供平台，作为中介，不主动介入信息发布后的传播过程。③ 社交媒体算法的多样性组合隐性地限制了用户的行为，底层算法对社交媒体界面上某些功能的设定、采纳与拒绝，框定了信息与人、人与人的连接方式，以及信息组织方式、传播范围。这些微小的差异或许在用户量较少的时候不容易察觉，但当互联网聚集起一定体量的人与信息的时候，就在宏观层面上涌现出不同社交媒体平台的差异化信息传播生态。即微观层面，算法的不同排列组合方式，字母与数学符号不同的拼接方式，在宏观层面上造就了社交媒体平台对人与信息、人与人互动交往的不同结构方式。在社交媒体环境中，作为能动性个体的人通常都是"跨媒介"的使用者，他们不仅被算法限制，还会巧妙地利用不同媒介实现个人的不同信息交换目的。同时，社交媒体对信息传播的影响还受到社会中诸如政治、资本等主体性力量介入的影响，这使得媒介、人与信息处在一直变动却又相对平稳的交互过程中。

---

① Bucher, Taina, & Helmond, Anne. The Affordances of Social Media Platforms [M] //Jean Burgess, Thomas Poell, and Alice Marwick. The SAGE Handbook of Social Media. London and New York: SAGE Publications Ltd., 2017: 19.

② Jaidka, Kokil, Zhou, Alvin, & Lelkes, Yphtach. Brevity is the soul of twitter: the constraint affordance and political discussion [J]. Journal of Communication, 2019, 69 (4): 345 - 372.

③ 当下，社交媒体都纷纷将个性化推荐纳入平台中，如微信、微博，以及新生一代的抖音、快手、小红书等，但有关个性化推荐内容本讲并不涉及，将在后面专门进行讨论，并在结论部分对以上技术的组合进行总结性分析。

第二节　社交媒体演进与传播生态变革

技术的演进，使得社交媒体算法的复杂性和组合可能性有了很大的提升，对部分功能的取舍落实到算法上或许只是几行代码的加减，但嵌入社会运行中，这些规则或功能的制度性[①]表达，及其带来的对用户某些信息传播行为的支持与限制，则意味着社交媒体、信息与人完全迥异的结构方式。而信息作为社会系统高速运转的黏合剂[②]，其流动方向同时影响着社会运转形式。

社交媒体平台为用户信息交换提供了便利的线上空间，将过去垄断在少数人手中的渠道向所有网民开放。但同时，社交媒体算法通过技术对用户赋权的同时，也给平台本身聚集了大量的人气。信息内容喧嚣过后，平台成为新的"垄断者"，更有学者将其称为"国家化想象"[③]。一方面，从高维度技术可供性审视，差异化算法组合塑造了社交媒体平台的不同形态，基于连接设备和媒介平台的高级可供性形塑了用户的不同参与行为和参与程度，呈现出宏观上差异化的信息传播景观；另一方面，低维度的技术可供性、各具特色的功能设置，形塑了不同社交媒体平台的差异化"性格"，形成了各社交媒体平台独具特色的用户、信息与平台的交往方式。

为探究算法设计、用户微观使用与宏观生态变革的互动关系，以可供性理论为指导，作者访谈了 11 位用户，对每位用户进行了不少于 2 小时的半结构深度访谈，了解不同用户对不同社交媒体的理解、使用和定位，进而尝试抽象出其中的规律性内容。

▶▶ 一、"内容"与"关系"、"开放"与"封闭"：算法选择与偏向

从广义上讲，BBS、贴吧、社区、博客、SNS（如微博、微信、抖音、快手等）都属于社交媒体，它们都在不同程度上解放了用户的话语权，实现了个人观点在公共领域的"广播"，并获得关注、回应；都绕过了专业媒体对"高门槛"的标准，即所谓"低价值"信息的筛选，拓宽了信息交换渠道；还进一步争夺了专业媒体的"议程设置"能力，将普罗大众最关切的需要推到公共领域中的焦点地位，用"热度"反过来引领专业媒体的报道议程。尽管在政治性主体干预下，个体言论与行为在"技术审查"与

[①] 算法规则在社会运转过程中首先引申为技术规则，其规制着媒介形态的应用模式，嵌入社会系统中，它还使得其他社会子系统围绕该技术规则进行改变；算法也进一步引申为"制度"，这是媒介研究的一个制度性传统。

[②] Wiener N. The Human Use of Human Beings: Cybernetics and Society [M]. London: Free Association Books, 1990: 31.

[③] 徐偲骕，姚建华. 脸书是一个国家吗?："Facebookistan"与社交媒体的国家化想象 [J]. 新闻记者，2018 (11): 15 - 25.

"条约规范"下受到一定限制，但整体上，相较于前社交媒体时期，用户的话语权获得极大解放，个体、群组之间的信息交换也更加顺畅、活跃。

然而，尽管这些平台都属于社交媒体范畴，但在不同社交媒体平台中，随着用户规模的扩大，涌现出了各具特色的人、信息与媒介的互动交往模式。究其原因，在于不同社交媒体平台技术可供性对用户行为的支持与限制，而这都来源于底层算法设计。算法代码的选取和框架的不同组合，在产品形态上转译为功能的取舍，嵌入社会与人、信息交往过后，就形成差异化的传播生态。

（一）"内容"与"关系"：话题广场与人际交往

以"内容"为联系节点的社交媒体平台，主要以 BBS、论坛、社区为代表，算法平台为用户提供了线上的议事广场。"话题"是此类社交媒体平台的核心节点，用户的观点聚集在"主帖"开启的线上空间上，多元观点得以充分交换；帖文质量、议题对社会与民众需求的关切程度决定着它的热度及被讨论的广泛程度。

这样以"话题"为核心节点的平台设计方式，虽然聚集起了用户讨论，却也将用户主体性消解在了用户在不同帖子、板块留言的弥散分布中。作为评论者、讨论者的用户，虽然可以在感兴趣的帖子下自由评论，甚至在特定或大多数话题广场中获得高度赞赏与认同，但这些"高光"言论并不能以"个人"为中心集合，"弥散"在不同帖文、板块中的威望难以累积。在这样的平台设计中，用户在浩如烟海的帖子与评论中寻找某些用户的见解所要耗费的精力，远超过按时间、兴趣的浏览。因此，几乎所有用户都是"芸芸众生"，偶尔的"意见领袖"也是由于其对知识的高质量、高频率、高持续性产出，否则就会被遗忘。

对"人"注意力的分散，虽然不能支撑"个人威望"的积累和"个人主体性"在网络空间的彰显，但同时也避免了注意力向"网络名人"的聚集，用户的线上地位差距较小，呈现出"扁平化"的形态，"意见领袖"具有较强流动性。相对而言，每个人都有被关注的机会，只要观点能够引起广泛认同，无论是新人用户，还是非领域内专家，都会被追捧、附和。[1]

以"关系"为联系结点的社交媒体平台，主要以 Web 2.0 时期兴起的 SNS 类社交媒体为主。这里的"关系"可以是熟人关系，也可以是陌生人关系。人们的线上消费不仅是出于对内容的认可，还有基于对"意见领袖"的信任迁移。此时内容质量不再成为被关注的绝对指标，"关系"赋值变得愈来愈重要，"意见领袖"的关注、评论与转发对帖文传播的广度有重大影响，甚至可以直接决定内容的传播路径。[2]

---

[1] 陈敏，黄睿．"大 V"去哪儿了？：基于微博、微信、知乎南海仲裁案讨论文本的分析［J］．新闻记者，2018（7）：61–72．

[2] 蒋侃，唐竹发．微博情境下网络舆情关键节点识别及扩散模式分析［J］．图书情报工作，2015，59（20）：105–111．

社交媒体平台以"关系"为核心的算法设计，实质上是将"人"置于高于"内容"的生态位上，让"个人主体性"得以彰显。以往弥散于帖子中的言论，在技术的支持下被集中到个人主页中，并以时间顺序排列，以往"弥散"的威望得以在固定空间"累积"。个人主页的建立同时也方便了其他用户的查找，曾经发表过精彩言论的博主"昵称"隐喻为观点的"品牌"，成为下一次危急时刻或热点时刻人们找寻"权威意见"的线索，注意力资源由弥散状态转变为对"关键节点"的集中。线上言论空间渐次由原来的"扁平化"开始向"阶层分化"方向演进。社交媒体平台上声望积累的新闻入者缺乏与已有的"高威望者"平等的被关注的机会，他们通过或主动寻求，或被动等待与"关键节点"连接的方式，来提高自我在网络空间中的可见性。

此外，基于"关系"的连接，还使得"理性内容"为"情感冲动"让位。如，孙俪推广的"泡脚养生"打卡，收获的关注量或许超过经验丰富的专业中医对健康知识的普及；朋友圈中的运动打卡、美食打卡，比国际外交新闻更引人关注。人际交往、准人际交往的需要，重新评定了信息的价值。

值得注意的是，伴随着社交媒体平台的不断发展，"内容型"和"关系型"社交媒体并不是绝对分离与二元对立的关系，为了满足用户的需求，二者也出现融合的趋势。SNS 并未放弃话题广场自不必说，论坛、社区类也增添了"个人主页"设计①，便于用户对欣赏"意见领袖"的关注，使得社交媒体有其各自倾向性的同时，也能够满足对"内容""关系"的基本需求。

（二）"开放"与"封闭"：弱连接与强连接、公共与私密

社交媒体平台对信息传播范围相对"开放"与"封闭"的算法设计，区分了线上社交圈层中的"强连接"与"弱连接"。同时，对受众想象的差异，以及个体在社交媒体与现实社会交织的系统中生态位差异，让用户对发言场地"公"与"私"的界定迥然相异，塑造了用户差异化的信息传播行为。② 在各类社交媒体中，微博与微信是"开放"与"封闭"平台的典型代表，算法对内容面向"全体用户"与"朋友"的传播选择，塑造了两个不同平台的迥异的传播生态，本研究拟以此为案例进行初步剖析。

作为一个开放的社交媒体平台，微博上的信息传播方与接受方并不一定是"互相关注"的关系，而是维持在"弱连接"的前提下，也能够实现信息的互动，通过搜索、朋友的点赞，评论区中非好友间的评论的阅读、回复，以及"#……#"话题追踪，都可以实现信息的交互。因此，微博平台上的信息一经发布就默认为流向"全体用户"，而也正是其"一对全体"的内容传播模式，使得信息有机会突破"好友圈"大小的禁

---

① 陈昌凤，师文. 个性化新闻推荐算法的技术解读与价值探讨 [J]. 中国编辑，2018（10）：9 – 14.
② Shane-Simpson, Christina, Manago, Adriana, Gaggi, Naomi, & Gillespie-Lynch, Kristen. Why do college students prefer Facebook, Twitter, or Instagram? site affordances, tensions between privacy and self-expression, and implications for social capital [J]. Computers in Human Behavior, 2018 (86): 276 – 288.

锢，向更多的用户延展，促进了个人成名的想象。

微博开放型的设计降低了查看个体信息的准入门槛，即查看其他用户的言论与状态，并不需要像微信一样，先争取成为"好友"，因此它拓宽了"关注""被关注""互相关注"的主体范围，该范围不仅包括基于线下熟人关系的延伸，还包括线上对陌生人的连接，如基于兴趣的聚集，以及对"名人"的追随，等等。

但同时，这样的设计也加剧了"主体间"的"不平等性"，用户对他人的"关注"并不一定能够获得同等的"关注"反馈。用户不断追随着他者的声音，接受着他人的生活方式和价值观念的驯化，而"自我"逐渐"退缩"。在实践层面，媒体、机构与"大V"垄断了绝大部分注意力资源，传递着经过政治与资本雕琢过的价值观念，更多元的观念与声音被隐藏在这些"强势主体"的传播洪流中。

也正是因为如此，算法设计上的"开放"并不必然与用户对其是否为"公共领域"的判定画等号。虽然毋庸置疑的是，微博的热搜、广场，一定是公共空间，但用户从个体散播信息的有效性角度出发，对微博"公共空间"与"私密空间"的划分提出了不同的见解与想象。有人认为对于粉丝群体较大的博主，其微博是一个公共空间，他们发的信息会流向更多的受众群体，甚至其观点还会引发其他用户的讨论。但"我的微博主页绝对是个私人领域，几乎没有人上这里来看，每一条微博的阅读量都很小，我发的就很少，我也没有什么粉丝"，指第7位访谈用户。甚至有时候，在微博上互相关注的好友线下是更亲密的关系，这相当于向对方开放了自己最私密的"后花园"。

在社交媒体使用实践当中，"弱连接"与小节点"相对私密的空间"，给予了用户逃离现实的可能，他们开通"小号"，在线上释放自我，建构理想中自由的自我。

微信作为"封闭"型社交媒体，"朋友圈"中的信息传授双方则是"互为好友"的关系，在技术设计上，朋友圈中发布的信息一次传播范围被限定在通讯录的好友范围内，因此是一个相对封闭的线上信息交换空间，用户不能跨越线下圈层与"名人"产生连接。

"互为好友"的算法设计，在形式上将不同主体置于"平等"地位，好友间在朋友圈内进行双向的互动传播。

但基于"强连接"关系的形成，也给传播者带来新的社交压力。线下关系到线上的延伸，不仅是连接的建立，同时还有线下等级束缚向线上的转移。人们要努力维持别人眼中的"自我"形象，还要维系与上级、顾客的良性互动交往，发展出一套工作礼仪性的"点赞""评论"文化[①]，引发使用者的社交倦怠。[②]

---

① Zhu, Hongjun, & Miao, Weishan. Should I click the "Like" button for my colleague? domesticating social media affordance in the workplace [J]. Journal of Broadcasting & Electronic Media, 2021.
② 洪杰文，段梦蓉. 朋友圈泛化下的社交媒体倦怠和网络社交自我 [J]. 现代传播（中国传媒大学学报），2020，42（2）：76-81，85.

此外，微信"朋友圈"封闭的算法设计，尽管在形式上圈定了传播边界，但在实践中也并不等同于个人"私密空间"。一方面，发布到朋友圈的消息有被复制或截屏进行二次传播的可能，其流向难以控制；另一方面，除去信息二次传播的情况，有用户将朋友圈比作小区的广场，"在广场上，周边这些小区的人都认识，大家没事儿在里边遛弯儿、聊天，因此是一个公共互动的场所"，指第 7 位访谈用户。

此外，与基于"内容"和"关系"区分的社交媒体相类似，"开放"和"封闭"也在彼此交融，在坚持主要"风格"的同时，融入更多的社交场景，以此来保持用户的存留和活跃度。比如微信，近来也放弃了绝对的"社交分发"，热点广场、视频号、直播功能的开通，也让其更为多元。

而用户对于"公共"与"私密"的想象也因人而异，社会影响力越大，越接近社会敏感议题者的用户，越倾向于认为没有私密领域，都是公共空间；反之，随着社会地位的降低，以及个人在不同类型社交媒体中影响力的递减，用户对公私概念的界定愈模糊。然而，无论是完全公共、半公共半私人，抑或完全的私密空间，都是技术、人、信息与环境的互动想象，这种想象指导着人们发表言论的谨慎程度。当某一社交媒体平台被认定为私人空间时，用户则更多倾向于"以我为主"，指第 3 位访谈用户的态度，否则会更加谨慎，指第 1、2 位访谈用户，当然也有处于中间者，在"半公半私"的定位中求得平衡。

二、算法、情境、时间与群体：社交媒体"性格"与用户使用

兹兹·帕帕克瑞斯（Zizi Papacharissi）认为，不同社交媒体有着不同的"社会性格"（social character），并且像人一样，会随着时间而变化。① 比如 Twitter 的定位，在她看来，就经历了从"人际交往平台"到"娱乐性媒介"，以及当下的"严肃媒介"的转变，成为政客活跃的平台。②

社交媒体"性格"是用户对其功能与使用的想象，它既源自底层算法设计，同时也源自与人、信息的社会交往。社交媒体"性格"影响着人们对它的使用方式。③ 在多社交媒体平台蓬勃发展的当下，用户大多数是跨媒介的使用者，每一种社交媒体都在用户心中有着特定的功能定位，满足特定需要。④ 随着时间的推移、技术的发展、外界力

---

① 兹兹·帕帕克瑞斯，孙少晶，康静诗. 对传播技术的再想象：对话兹兹·帕帕克瑞斯（Zizi Papacharissi）教授［J］. 新闻大学，2021（8）：107-116，121.
② 兹兹·帕帕克瑞斯，孙少晶，康静诗. 对传播技术的再想象：对话兹兹·帕帕克瑞斯（Zizi Papacharissi）教授［J］. 新闻大学，2021（8）：107-116，121.
③ Hermida, Alfred, & Claudia, Mellado. Dimensions of social media logics: mapping forms of journalistic norms and practices on Twitter and Instagram［J］. Digital Journalism, 2020.
④ Quan-Haase, A., Mendes, K., Ho, D., Lake, O., Nau, C., & Pieber, D. Mapping MeToo: a synthesis review of digital feminist research across social media platforms［J］. New Media & Society, 2021, 23（6）：1700-1720.

量的干预、偶然事件的发生[①]，社交媒体"性格"也会渐渐改变，用户也调整着与之交往的策略。

不同类型社交媒体平台的迥异"性格"，对用户使用策略的影响自不必提。在论坛和 SNS 上，用户自如切换着"内容核心"和"关系核心"的逻辑下的自我定位，并用恰当的语言风格、用词方式、适当篇幅进行话题发起与评论互动；与此同时，还对平台内容的深浅、风格有着合理的期待。比如在知乎上搜索相对"专业"问题的答案，如有关心理，指第 1 位访谈用户；有关工作软件，指第 6 位访谈用户等；在豆瓣上阅读影评、书评，指第 5 位访谈用户；在小红书上寻找"好物推荐、女性话题"，指第 6 位访谈用户等；在微博上专注热点，指第 5 位访谈用户；在微信上注重熟人关系维护，指第 1、7、9、10 位访谈用户等。

对于相同类型的社交媒体平台，如论坛和贴吧、抖音和快手，用户也敏锐地感知着基于算法设计和算法与社会人文互动后形成的差异化"性格"。论坛延续 BBS 时期"精英们"的理性讨论，严格的管理规则，以及历史风格延续对特定"精英"或"中产"群体的吸引，使得论坛被认为是深刻的、有内涵的，可以逃离垃圾帖、灌水帖的地方；无论是对于娱乐性，还是严肃性话题的讨论，都是建立在理性思考之上的。而与之相类似的贴吧则被视为"活泼"年轻人的聚集地，它们的规则更为灵活。既有部分用户期待的对"小说的全面、深度整理的万字小作文"，指第 1 位访谈用户，满足文化消费需求；又有简短轻松的灌水帖，随意发表，只为娱乐。

抖音和快手作为类似的短视频社交媒体平台，以不同的底层算法设计，以及早期推广的社会因素介入，塑造了不同的媒介"性格"。在算法层面，抖音强调"算法推荐"的核心地位，"用户标签"与"关注者"共同作用于视频的流向，倾向于对"大号"的扶持。在推荐分发页面，抖音采取更为强势的"滚动式推荐模式"，用户没有选择空间，沉浸感较强，被称为"时间黑洞"。在视频发布者的主页分发页面，抖音也采取"滚动式推荐模式"，只要点进一个视频，通过"上滑""下滑"的操作就可以高效浏览完作者的所有作品，使用节奏紧凑。快手则强调"社交""兴趣"的核心地位，"算法推荐"相对隐形，视频发布流向主要取决于用户的社交圈层与兴趣选择，给普通人更多被看见的机会；在推荐分发页面采取"瀑布流"式展现模式，一屏 4 个视频，用户可以自己选择感兴趣的内容，具有更高的主动权，体现社区的平等氛围；而在主页分发页面，只有"上滑"看评论的操作，让用户深入了解每个视频的全部内容，节奏较慢。在推广层面，抖音采用"自上而下"的策略，首要目标群体是一、二线城市的年轻人，再逐渐向底层渗透；快手则是采用"自下而上"的策略，从底层市场的小镇青年开始，再逐步向上延伸。

[①] Hopster, J. Mutual affordances: the dynamics between social media and populism [J]. Media, Culture & Society, 2021, 43 (3): 551-560.

底层算法设计与社会人文因素（推广策略）奠定了两个社交媒体平台不同的"性格"，抖音被认为是"城市小资产白日梦平台"，快手则被认为是"小镇通俗平台"。

当然，社交媒体平台的"性格"并不是一成不变的，甚至平台某一个板块的"性格"也不是一成不变的，它嵌入社会系统后，会随着与各种政治、资本、人文因素的互动发生改变。这样的改变，有时会给用户带来意外的惊喜，活跃平台用户信息传播；有时也会令用户沮丧，偏离用户对平台的期待，从而降低活跃度，甚至发生用户逃离。平台早期对不同类型群体的积累还影响着其日后演化的方向。

通过前文的梳理可以发现，微博的媒介"性格"就随着"政治主体"的介入发生了改变。早期微博推广靠"名人效应"起家，是一个娱乐平台。其后，伴随中国社会发展中矛盾的加深，微博同时还承担了"严肃政治性话题"讨论平台的作用，微博维权、微博反腐成为其平台发展史上的"高光时刻"，"大V"活跃，多元观点碰撞、辩论。然而，这样活跃的氛围却并未维持太久，政治主体的介入在源头上打击了"大V"发言的冲动，政治性主体和党媒微博号的开通，统一了分裂的舆论场，让该平台成为"主流价值观"与"正能量"的宣传地，并同时延续着早期的"娱乐"属性。"大V"也纷纷逃离，分散到其他平台，如微信、抖音、小红书等。

另外，物质与技术门槛降低，平台设计者在算法层面对"功能"的添加，也开始让贴吧与论坛的分界线日益模糊。论坛以往的"精英"群体被新涌入者稀释、冲散，论坛也逐渐淡化"理性""严肃"的基调，论坛"贴吧化"的使用感受，让用户逐渐丧失对论坛的信心。与此同时，"贴吧"官方各种功能添加，比如字体的"标红""加粗"，破坏了使用者心中"贴吧"的简洁风格（ID：无奈de小青蛙。"最早玩贴吧的时候觉得贴吧的一大特点就是简洁"）。ID为SilverWaltz的用户认为"红字，加粗……什么时候再出个编辑功能，度将不度了"。甚至为怀念简洁的风格，"现在要做的就是截图，截图！保存一些东西"（ID：211.139.60.*）。

同一个话题在同种类型社交媒体平台上的迥然相异的舆论方向，则还要追溯到该媒介平台历史上的"人气积累"。早期"入驻群体"奠定了平台的"性格"基调，并带动同类型群体的聚集，指第1位访谈用户。以虎扑为例，最早起家于"篮球论坛"，吸引较多男性用户，在后期转型中，也主推电竞游戏主题。这样的用户群体使得该平台言论更多基于男性视角，使得它在针对女性议题的讨论中，表现得更为苛刻。而在同为社区型社交媒体的其他平台中，面对女性议题时，则表现得更为温和。而由专注体育——篮球，到娱乐——电竞游戏，到对社会议题的男性化视角的"性格"演变，都是基于特定群体的聚集与偏好。

话题事件、情境结构与用户规模的快速长消，还形塑着社交媒体内部板块"性格"

的演变,典型案例就是2016年的"帝吧出征Facebook"事件。① 帝吧最早是一个名不见经传的足球粉丝社群,又名"李毅吧"。该贴吧后因李毅个人失当言论发展成为对国足不满的"情绪发泄"社区。此次"性格"转变虽然依然围绕"国足"议题,但已经从"欣赏"转变为"嘲讽""戏谑"。李毅的不当言行成为贴吧内的新议题,国足的不争气引发网民共情,大量黑粉"涌入"和"讨伐"使用户群体结构短时间内迅速改变,几十位粉丝的声音被淹没。尽管贴吧管理者不断删帖,但这些用户依然以"高级黑""内涵"的方式改变了整个贴吧的调性,并以此为节点,树立了贴吧的"内涵"文化"性格"。在其后发展过程中,其"性格"也不再专注于对国足的关注,而是有了更广泛的讨论议题。这时,周子瑜发表"台独"言论,显然再次引发群成员的共情,他们打着"帝吧出征,寸草不生"的口号,以斗表情、讲故事、晒美图等方式宣传爱国言论和主流价值,"刷爆"Facebook评论区,被官方冠以"爱国小粉红"的标签。其媒介"性格"也完成了从"娱乐"到"爱国"的转变,将"恶搞主义"尽情释放。

【思考题】

1. 社交媒体分发算法演进的基本历程与算法原理是什么?
2. 算法的选择与组合偏向是如何影响社交媒体的传播生态的?
3. 社会人文因素如何影响社交媒体的话语偏向?
4. 如何定位社交媒体的"私人性"与"公共性"?

【推荐阅读书目】

[1] 项亮. 推荐系统实践 [M]. 北京:人民邮电出版社,2021.

[2] 塔娜,唐铮. 算法新闻 [M]. 北京:中国人民大学出版社,2019.

[3] 维克托·迈尔-舍恩伯格,肯尼思·库克耶. 大数据时代:生活、工作与思维的大变革 [M]. 盛杨燕,周涛,等译. 杭州:浙江人民出版社,2013.

[4] 克里斯托弗·斯坦纳. 算法帝国 [M]. 李筱莹,译. 北京:人民邮电出版社,2014.

---

① 杨江华,陈玲. 网络社群的形成与发展演化机制研究:基于"帝吧"的发展史考察 [J]. 国际新闻界,2019,41(3):127-150.

第六讲

社交媒体风险社交研究

随着社交媒体使用程度的加深,日益凸显的隐私问题应当得到更多关注。然而社交媒体用户仍然存在风险社交行为,即用户出于多重目的进行主动隐私披露,同时由于在线社交的种种不确定因素和隐私泄露隐患使得线上社交行为带有更大风险。本讲对风险社交的发生原理进行深入研究,指出风险社交的存在受到用户自身和他人的复杂需求及平台的鼓励机制影响;同时总结出风险社交可能造成的危害,提出风险社交预防与治理的建议,从而更好地保障用户权益和维护社会秩序。

当下社交媒体逐渐成为日常生活的一部分,用户更加习惯于利用这些平台进行人际交往和信息交换活动,这也造成了关于个人隐私的忧虑和日益增大的水平隐私风险。由此,本讲主要围绕风险社交这一概念展开,即社交媒体用户出于获取他人信任等目的进行主动隐私披露,同时由于在线社交存在种种不确定因素和隐私泄露等隐患而使得线上社交行为带有一定风险性。这种线上社交行为受到用户自身、他人和平台等因素的影响,一方面主动隐私披露对于用户更具吸引力,另一方面来自多方的不确定因素导致隐私风险增加。虽然当下不乏呼吁尊重隐私、重视隐私的声音,然而在现实生活中从人肉搜索、聊天记录截图泄露到个人发布的照片被熟人盗用或搬运到不良网站,用户因在社交媒体平台的主动隐私披露行为而受到伤害的事件仍比比皆是。正因如此,有必要就用户在线上人际传播中面对的隐私风险再次进行讨论。本讲意在通过对风险社交的讨论,对已有研究在社交媒体平台中的人际传播隐私问题方面进行补充,并希望对当前互联网环境下主动隐私披露的潜在不良后果进行强调,呼吁通过披露前的风险告知和披露后的损害弥补两种路径进行预防。

第一节 社交媒体风险社交概念界定

无论是线上还是线下,社会互动中始终存在某种程度的不确定性,主动进行隐私披露也意味着潜在的隐私风险。在传播过程中,出于焦虑情绪或者为了获得利益,处于不确定状态下的交往双方都试图获取对方相应的信息来决定下一步的行动。信息的交流意味着产生自我表露行为,透露的信息越多,双方就越容易形成亲密感。随着亲密感的逐渐提高,自我披露的内容往往会从非私密的主题向高度私密信息如浪漫关系和性取向等话题深入。[①] 而社交媒体中的传受双方也同样都处于不确定的状态下,进行着一场斗智

---

① Jiang L. C., Bazarova N. N., Hancock J. T. The disclosure-intimacy link in computer-mediated communication: an attributional extension of the hyperpersonal model [J]. Human Communication Research, 2011, 37 (1): 58–77.

斗勇的博弈。① 但是，线上社交中的主动隐私披露行为和随之而来的隐私风险也有其特殊之处。

首先，用户在社交媒体平台受到了多种因素的影响，促使其进行主动隐私披露。无论是对个人隐私的主动披露还是窥视他人生活的欲望，这些都并非仅是 Web 2.0 时代才存在的"专利"，但社交媒体的特殊之处在于新技术及与其相关的流行文化使得他人能够更加自然便捷地实施分享、获取、利用隐私信息等行为。已有研究证明，在线论坛等社交媒体存在"互惠性"，即发帖—回复双方会主动披露隐私以推动交流的继续深入，也就是发帖人对自己的表露越多，收到评论中的披露也越多。当参与者共同谈论一个特定的话题时，如果他们知道别人的一些个人信息，他们会更信任别人。② "互惠性"还可能和"自我澄清"等动机共同推动信息的披露。③ 当前也已经有较多文献试图围绕用户的隐私风险认知进行研究。例如，库默尔德等人以线上健康论坛的 18～35 岁女性用户为对象，讨论了参与目的、论坛匿名性、"耻感"话题与线上披露的关系。④ Ranzini 等人就英国父母在 Instagram 上的"晒娃"行为指出周围人的支持比隐私顾虑更能影响披露行为。⑤ 也有文献围绕隐私认知和披露行为的不匹配，即隐私悖论现象进行研究，试图总结出影响用户信息披露的因素。又如，刘婷、邓胜利在总结国外隐私悖论研究成果时，将隐私悖论的成因总结为乐观偏差等观点导向原因和收益计算等行为导向原因。⑥ 此外，也有文献提到了社交媒体平台对于用户主动隐私披露的影响。再如，Lu Yu 等人的研究指出，具有情感连接的平台用户会花费更少的精力在评估隐私披露的风险—收益上，他们也验证了平台类型对用户隐私决策具有调节作用⑦。崔和巴扎罗娃则针对用户在 Facebook 和 Twitter 中发布真实信息的差异行为，指出用户对社交媒体的信任度亦会产生影响。⑧

其次，在社交媒体平台进行主动隐私披露时，用户面临着更大的隐私风险。用户虽然在披露隐私信息时有意进行了平台、观众、时效的设置与筛选，但信息仍有被他人泄

---

① 曾一果，施晶晶."在吗"：社交媒体的"云交往"实践与身份建构［J］. 暨南学报（哲学社会科学版），2021，43（9）：24-34.

② Catherine M. Ridings, David Gefen, Bay Arinze. Some antecedents and effects of trust in virtual communities［J］. The Journal of Strategic Information Systems, 2002, 11（3）：271-295.

③ Li Kai, Lin Zhangxi, Wang Xiaowen. An empirical analysis of users' privacy disclosure behaviors on social network sites［J］. Information & Management, 2015, 52（7）：882-891.

④ Kummervold Per, Gammon Deede, Bergvik, Svein, et al. Social support in a wired world：use of online mental health forums in Norway［J］. Nordic journal of psychiatry, 2002, 52（2）：59-65.

⑤ Ranzini Giulia, Newlands Gemma, Lutz Christoph. Sharenting, Peer Influence, and Privacy Concerns：A Study on the Instagram-Sharing Behaviors of Parents in the United Kingdom［J］. Social Media&Society, 2020, 6（4）：1-13.

⑥ 刘婷，邓胜利. 国外隐私悖论研究综述［J］. 信息资源管理学报，2018，8（2）：104-112.

⑦ Yu Lu, Li He, He Wu, et al. A meta-analysis to explore privacy cognition and information disclosure of internet users［J］. International Journal of Information Management, 2019, 51（1）：1-10.

⑧ Choi Yoon, Bazarova Natalya（Natalie）. Self-disclosure characteristics and motivations in social media：extending the functional model to multiple social network sites［J］. Human Communication Research, 2014, 41（4）：480-500.

露或者不当使用的风险，从而对用户造成伤害，类似名人"小号"被曝光或者用户仅部分好友可见的敏感信息被截图发布至其他平台的现象也屡见不鲜，在社交媒体中进行隐私披露的风险更难以预测和有效抵御。当然，用户面对与他人交往过程中产生的水平隐私风险也并非完全被动，有文献将重点放在用户的自我呈现策略上。例如，于宜民和张文宏认为个体会通过在社交媒体"主号"和"副号"之间跳跃以切换表演舞台，这也是用户对"流露"行为有意识控制的体现。[①] 达菲和陈通过对 28 名大学生多社交媒体平台使用情况的访谈，指出用户出于对监视的想象会采取隐私设置、自我监控和开"小号"的方式进行隐私保护和印象管理。[②]

虽然现有文献针对用户在特定平台或跨平台使用过程中面临的水平隐私风险进行了研究，但关于社交媒体机制如何影响用户主动隐私信息披露行为的讨论仍显不足。此外，也有必要从用户的主动隐私信息披露出发，针对个人风险评估、他人需求和平台机制等影响其行为的多种因素进行更全面的论述。

因此，在讨论社交媒体用户面临的主动隐私披露风险时，我们认为"社交媒体风险社交"是指社交媒体用户出于获取他人信任等目的进行主动隐私披露，同时由于在线社交存在种种不确定因素和隐私泄露等隐患而带有一定风险性的线上社交行为。

第二节 社交媒体风险社交发生原理

社交媒体风险社交的发生原理可以被归纳为隐私披露和风险加剧两个方面，用户自身、观众和社交媒体都参与了这一过程。一方面，用户的主动隐私披露行为与其决策过程相关。在做出决策前，用户需要就披露行为进行风险和收益的评估，此时用户会受到多种因素的影响，这一点与"隐私悖论"的解释逻辑相似。此外，自身形象塑造和表演的需求不仅会驱使用户主动披露一部分隐私，而且即使用户选择使用不同平台或者多个账号作为隐私管理策略，这种策略也可能面临失效风险。另一方面，作为观众的他人和作为平台的社交媒体则使隐私泄露的风险更加难以防范。出于种种原因，他人会主动获取、探查用户的隐私信息，进而打破用户对自身隐私信息设置的管理壁垒。而社交媒体虽然在交流环境、交流方式和交流规则方面都鼓励用户进行隐私披露，其具体使用功能却存在不能充分满足隐私保护需求而导致受损害的可能性增大的问题。

---

① 于宜民，张文宏. 现代性焦虑下个体的自我呈现 [J]. 济南大学学报（社会科学版），2020，30（2）：112-122，159.

② Duffy Brooke, Chan Ngai. "You never really know who's looking": imagined surveillance across social media platforms [J]. New Media & Society, 2018, 21 (1): 22-39.

(一)"风险—收益"评估下的冒险决策

就隐私披露决策而言,用户对社交媒体使用的获益与损害进行的主观预估会影响其披露内容和披露对象的选择。然而现实中人们的隐私关注程度往往与其实际采取的隐私保护行为不一致,这一现象被称为"隐私悖论"。虽然用户关注隐私问题,他们也会担忧伴生的隐私泄露风险,但在实际行动方面仍自愿披露隐私信息来换取服务、社会支持等回报。在这一过程中,用户会进行"风险—收益"评估。用户的"风险—收益"评估受到了个人特性、社会环境等因素的影响,而用户的隐私被侵犯,其经历、信任、娱乐感知等相关因素都会成为影响评估的中介变量。考虑到用户的隐私披露决策并非完全理性,情感因素的影响也被纳入研究范围,如用户在情绪影响下如何将隐私风险进行归责等,但也有文献认为情绪差异与采取何种隐私保护措施之间没有对应关系。① 此外,有学者在"风险—收益"评估框架的基础上加入了对应对机制的评估,进而提出了更为全面的"双演算模型",该框架强调了影响个人信息披露行为的两组相互关联的权衡关系:隐私计算(预期收益和隐私风险之间的权衡)和风险计算(隐私风险与应对机制有效性之间的权衡),用以预测个体在线披露信息的意愿。②

用户的隐私评估和隐私披露行为也会受到具体情境的影响,甚至对于风险评估的对象,即主动披露的信息是否属于"隐私"范畴,用户的判定标准也是依情境而改变的。有学者指出理论定义上的"隐私"和用户真正认知的"隐私"并不相同,并称这有可能是出现"隐私悖论"的原因之一。③ 已有研究对于隐私也采取了不同的判断标准,例如,部分文献使用自我表露深度、广度与持久度三个维度作为划分标准。有研究则从具体内容入手,针对微博平台中的相关内容进行了计算和划分,列举了 11 个隐私项目并按照敏感度由大到小排序,分别为:血型、感情状况、性取向、工作信息、教育信息、个性域名、标签、简介、生日、所在地和认证。④ 也有文献将个人基本信息、健康信息和财务信息视为信息类型中私密度最高的信息,并指出社会资本会显著影响微博用户对这三类隐私的披露,用户在有效社会资本与私密信息的保护权衡中,会倾向于选择有助于自身发展的社会资本。⑤

(二)个体形象塑造与表演需求

无论是戈夫曼的拟剧理论还是霍根所提出的社交媒体用户"策展人"的身份,个

---

① Sarabia-Sánchez Francisco, Aguado Juan, Martínez Inmaculada. Privacy paradox in the mobile environment: the influence of the emotions [J]. El Profesional de la Información, 2019, 28 (2): 1 – 11.

② Li Yuan. Theories in online information privacy research: a critical review and an integrated framework [J]. Decision Support Systems, 2012, 54 (1): 471 – 481.

③ 管家娃, 张玥, 朱庆华, 赵宇翔. 国外社交网站隐私悖论问题研究综述与国内研究建议 [J]. 图书情报工作, 2016, 60 (22): 126 – 134.

④ 朱侯, 方清燕. 社会化媒体用户隐私计算量化模型构建及隐私悖论均衡解验证 [J]. 数据分析与知识发现, 2021, 5 (7): 111 – 125.

⑤ 孙超群. 微博平台隐私悖论现象影响因素研究 [D]. 大连: 大连理工大学, 2021.

体往往会根据不同的情境进行自身形象塑造①，自我披露乃至于隐私信息则正是表演所需的素材。不难发现，随着舞台的变化，表演的机制也更加复杂，在多社交媒体账号同时运作的情况下，用户会根据不同的媒介属性和不同的观众类型选择自我呈现策略。但问题在于，不同社交媒体的使用逻辑是不同的，如是偏向信息的广泛共享还是强调与好友、关注者的信息分发。用户在各平台的自我呈现策略选择也是不同的，以用户对微博等弱关系社交媒体的态度为例，微博既可以因为匿名性而成为隐私披露的场所，又可以作为个人品牌的一部分而被谨慎运营，从而维持前台与后台并存的微妙平衡。在个体形象塑造和表演方面，用户通常采取的策略包括将某些内容限制在特定的社交媒体中，如在匿名性更强的微博中发布更具有争议性的内容，而在朋友圈中发布较为温和的内容，以及建立更私人、匿名性更强的"小号"或在 Reddit 等社交媒体平台使用一次性账号，等等。

但是，如果说在社交媒体发展的当前阶段，用户尚能在每个场景保持不同且分割的形象，保持基于特定平台的自我表现模式，那么随着各平台的互联发展及弱关系媒体与强关系媒体之间界限的模糊，表演者在不同社交媒体披露的隐私更容易被挖掘和被进行对比。观众们不再满足于只局限在此刻的表演，更希望看到表演者保持在时空上都能统一的形象，已有案例也足以证明，一旦这种统一被打破，不同社交平台和各时间跨度的历史记录都能成为隐私风险的来源。也许名人和"意见领袖"逐渐学会了在自己的账号中披露隐私信息以作为表演和营销的一部分，但是普通用户对于何时对谁进行怎样的隐私披露往往缺乏清晰界定。愈加复杂的披露和持续热烈的表演欲望的交织带来了更多的不确定性，而这种可能的不良后果又难以立刻被发觉。

值得注意的是，虽然对用户个体来说，表演行为面临的隐私风险仍然以来自其他用户的水平隐私风险为主，但是来自平台规则的压力也会增加引发风险的可能性。以多个社交媒体平台以打击网络谣言为由强制显示用户 IP 属地为例，虽然只精确到省份或国家的范围在法理上并不符合侵犯隐私的认定，但是仍然有大量用户表示感到不安。就相关帖文来看，用户的担忧情绪一方面是关于信息安全，另一方面则是担心自己的账号被现实中认识的人发现。例如，有社交媒体用户发帖表示虽然关闭了隐私设置中与通讯录信息关联的好友推荐选项，但通过"可能认识的人发博了"的功能，用来发布私人内容的账号仍然被推送给了室友，账号发布的内容也开始在同学中传播，从而对其现实生活造成了困扰。而在此篇帖文的评论区，也有一些用户表示此前并不知道这个功能的存在，出现了震惊、反感和恐惧等负面情绪。

（三）他者消除不确定性与进行评估的窥视需求

在进行线上交往时，用户出于个人需求愿意进行主动隐私披露，他人出于消除不确

---

① 董晨宇，段采薏. 反向自我呈现：分手者在社交媒体中的自我消除行为研究［J］. 新闻记者，2020（5）：14-24.

定性等需求同样渴求着获取更多个人隐私信息。根据人际交往的不确定性减少理论,个体在无法对人际交往中的关系状态和对方心理等因素做出明确评价时,就会处于一种游移不定的心理状态,进而影响个体对人际关系质量的感知。① 此外,当个体认为社会中弥漫着未知和焦虑时,他们也会出于保护心理而采取窥视行为以获取更多信息。② 交往过程的一种常见策略是直接提问以获取信息,但是问题的数量和具体提问方式通常会受到社交规范的限制。常用的互动策略也包括相互披露,即个体通过主动披露信息来获得对方的信任,期待对方能够提供信息来进行回应,这一点也与上文所提到的社交媒体的"互惠性"有契合之处。

除了意图消除不确定性而直接要求对方披露更多信息之外,他人也会主动对个体在社交媒体中发布的信息进行审视,以满足自己的窥视欲或进行社会资源评估的需求。渴望获取他人隐私信息的窥视欲并非新媒体时代的产物,但互联网无疑提供了满足欲望的便捷工具,无处不在的凝视与"横向监视"借此造就了新的权力关系。③ 以微信朋友圈为例,有文献提及受访者会利用好友在朋友圈中披露的信息对其进行判断和评估。而这种审视不仅停留在兴趣爱好这种一般的自我披露层面,也包括家庭背景、社会身份等相对更隐私的信息。部分用户表示对于一些线下社交中不方便提问的隐私内容,自己会在线上通过朋友圈进行侧面了解。④ 借助社交媒体的"视奸"行为打破了原本表演的保护性措施⑤,传统的平等式社交礼仪和需要付出较大时间成本的深入交往过程不再是获取他人信息的必需规则。正因为如此,双方缺乏长期交往的积累、建立在共识基础上的认同和对彼此的了解,也随着用户隐私的披露而带来了新的不确定性与风险。此外,有文献还提到了企业和学校会有意通过窥视求职者、员工和学生的社交媒体账号,并依据其账号分享的不适宜信息而对其进行处罚⑥,这也从另一个角度证明了他人"视奸"行为的普遍性。

(四) 社交媒体的分享鼓励机制

当下各个社交媒体平台的隐私披露情况因其自身社群环境、互动形式和用户使用动机的差异而各有特色,但从整体来看,无论是出于鼓励用户寻找志同道合者的兴趣动机还是出于扩大用户群体、增加平台流量的商业动机,社交媒体在平台机制层面普遍存在

---

① 周爱保,周鹏生. 人际交往的不确定性减少理论 (URT) 述评 [J]. 心理科学, 2008, 31 (6): 1499 - 1501.
② 霍尔·涅兹维奇 (Hal Niedzviecki). 我爱偷窥: 为何我们爱上自我暴露和窥视他人 [M]. 黄玉华, 译. 北京: 世界图书出版公司, 2015.
③ 李晓蔚. "权力的眼睛": 全景敞视主义视域下的网络围观 [J]. 国际新闻界, 2015, 37 (9): 70 - 79.
④ 汪雅倩, 王学琛. 从社交平台到表演舞台: 微信分组设置对熟人关系的回归 [J]. 新闻知识, 2017 (10): 18 - 24.
⑤ 杨荟. 社交网络中的自我呈现与隐私困境 [D]. 南京: 南京师范大学, 2020.
⑥ Duffy Brooke, Chan Ngai. "You never really know who's looking": imagined surveillance across social media platforms [J]. New Media & Society, 2018, 21 (1): 22 - 39.

对用户进行信息分享甚至披露隐私信息的鼓励机制，而面对面交流那种即时反馈的缺乏又会让用户逐渐忘记审视其披露行为是否恰当。例如，Facebook 不仅将用户个人隐私信息披露的方式扩展为广播式的分享，还推动用户公开了更多的信息。①

1. 社群内部成员交流鼓励机制

自我隐私披露行为会受到个体所处环境的影响，在线社区中友谊、亲密关系与信任等情感支持对用户的自我披露有着积极的促进作用。② 以豆瓣情感小组为例，虽然作为一款弱关系社交媒体，豆瓣用户得以保持匿名的身份，用户对于个人隐私信息的披露程度有相对较强的把控力，但是在一些涉及情感主题的豆瓣小组中，无论是交流环境、交流方式、社交规则还是成员间建立的情感联结，都存在用户隐私主动披露的鼓励机制。

在交流环境方面，豆瓣情感小组结构松散，且成员之间互动积极。对于豆瓣小组的内部结构，有文献将其称为现实群体和网络松散群体的"中间态"，成员围绕对特定内容的讨论展开互动，虽然话题发起者在帖子内始终保持着中心位置，但小组本身内部的权力关系是松散的，领袖与追随者的地位较为平等，组长和管理员虽然是社群的规则制定者和秩序维持者，但并不会在其他成员发起的话题下承担引导讨论的责任。③ 此外，豆瓣小组的成员基于对相同主题的兴趣而相聚，这种交往活动又超越了单纯地对于该话题的赞同，进一步扩展为对于话题背后的价值取向的赞同。在话题的探讨过程中，成员之间会建立情感纽带，形成互相欣赏的关系。

在交流方式方面，豆瓣情感小组内普遍适用的互惠式交流也起到了促进隐私披露的作用。在豆瓣情感小组的内部互动中，小组本身的设立就是对分享行为的鼓励。不仅在组规中会注明允许组员发帖分享自己的经历，也会在小组分区中按帖子的主题和目的分成"吐槽区""求助区"等。相当多的帖子在抒发不满情绪的同时也会涉及不同程度的隐私内容，例如发出部分打马赛克的聊天截图，帖文中提到自己所在学校，等等，其他成员会在评论区就故事细节进行追问，从而得到更多关于发帖者和当事人的信息。这一互动行为涉及发帖者的隐私主动披露和互动者对隐私披露的默许，而这些行为能否被允许则与小组的具体规则有关。

在社交规则方面，豆瓣情感小组存在普适的公共规则和具体的小组规则。组规虽然要求小组成员必须遵守，但是在实际运作中的约束力有限。一方面，由于虚拟社群的匿名性和豆瓣小组内结构的松散性，即使引发争议，用户对隐私泄露需要承担的后果也不过是注销账号或者删除帖子。④ 另一方面，虽然不同小组共通的基本准则都包括了禁止

---

① 董晨宇，丁依然. 社交媒介中的"液态监视"与隐私让渡 [J]. 新闻与写作，2019（4）：51-56.
② Das Ranjana, Hodkinson Paul. Affective coding: strategies of online steganography in fathers' mental health disclosure [J]. New Media & Society, 2019, 22 (5): 752-769.
③ 杨璨. 网络"圈子"的群体交往特点研究 [D]. 合肥：安徽大学，2011.
④ 钱姣姣，郝永华. 互动仪式链视角下虚拟社群的情感能量研究：以三个豆瓣购物组为例 [J]. 新媒体研究，2021，7 (14): 33-35.

辱骂他人、禁止发布涉及政治的敏感信息、禁止发布个人隐私信息等内容，但是各小组的组规执行程度和成员对组规的遵守程度是有差别的，换言之，越轨行为只要不被其他成员举报就可以留存。不仅如此，豆瓣情感小组成员的言论并不等同于公共领域的意见表达。小组内部对于某些公共规则中的耻感话题不会做出负面评判，成员对越轨行为的容忍度也相对较高。此外，组规为了避免"地图炮"引发争议，不得不对披露个人经历的行为进行让步，这也增大了隐私泄露风险。例如，豆瓣情感小组"史上最矫情小组"在组规中写明，禁止发布"地图炮"内容，即用攻击一群人的方式去指责一个人的行为，组规中写道："如果你的室友、你的同学、你的老师、你的同事、你的网友，等等等等，给你造成了不快，完全有吐槽的权利，那么就请具体到这个人，不要辩称是个人感受，实则带动对某一群体的歪曲与攻击。"①

网络人际信任程度与网络自我披露存在相互影响的关系。豆瓣情感小组成员通过互动建立了信任和身份认同，进而提升了披露隐私的舒适感。成员间的隐私互惠披露也可能会提升用户对小组和其他成员的信任程度，进而刺激其产生隐私披露意愿，做出更多的隐私披露行为。而且成员在豆瓣情感小组披露隐私的尴尬情绪越少，获得的情感支持越多。举例而言，有文献通过观察"保护内向者联盟"小组指出，在心理学的视角下，内向者常在现实生活中受到来自亲密社会关系者的指责，称其存在以自我为中心和孤僻的问题，从而产生罪恶感和羞耻感，但在匿名的豆瓣情感小组中，内向者更容易开口披露自己的苦恼，并通过组员在评论区表达的"共鸣"获取有效情感支持。②

2. 流动规则下分组隐私管理失灵

在传播过程中，人们会根据不同的需求和变化的环境设立灵活的规则，并利用这种边界将不同的信息标记为隐私。制定好的规则也存在崩溃的可能，随着旧规则的崩溃，个体会对其隐私管理方式进行校准或调整，从而对规则进行更新。然而，在社交媒体平台中不仅存在着规则的崩溃与重建，还出现了隐私规则界限模糊、漏洞增多等问题，而这一现象在微信朋友圈中尤为明显。

微信作为一款强关系社交媒体，用户间关系建立在对彼此的真实身份有一定认知的基础上。朋友圈作为主动披露信息、进行自我形象塑造的重要舞台，用户会利用其表达自己的观点或者积累工作、学习资源。考虑到披露隐私信息是构建更加真实、让人有好感的形象的必需条件，用户在使用过程中必然会进行一定程度的主动隐私披露。

随着用户社交范围的扩大及微信应用本身的泛社交发展趋势，微信好友与用户之间的亲近程度也存在差异。③ 因此，用户会试图通过制定隐私边界等策略确认谁有了解这

---

① 史上最矫情组规（4.0版），https://www.douban.com/group/topic/218100506/#9120069YTbyMl8.
② 龙晓旭. 虚拟社区的网络社会支持研究：以豆瓣小组"保护内向者联盟"为例[J]. 新媒体研究, 2021, 7 (20)：96-99.
③ 汪雅倩. 焦虑视角下强关系社交媒体不持续使用研究：以微信朋友圈为例[J]. 新闻界, 2019 (10)：81-91.

些隐私信息的资格。例如，借助"三天可见""半个月可见""允许陌生人看十张照片"等功能进行隐私信息可见范围的划分与社交关系的筛选。

虽然用户有意识地抵御情感联结和共同语境双重缺失下的隐私泄露风险，但是其采取的管理策略也存在一定问题。首先，朋友圈分组这个功能本身也代表了一种疏远，分组被他人意识到后可能会带来误解与摩擦。①"不可见"标签导致的信息阻隔也会使原本社交联结较弱的好友更加陌生，反而有悖于扩大交往范围的社交媒体使用动机。② 其次，传播边界的管理是一个关于何时向谁透露或者不透露何种信息的辩证过程。范围固定的朋友圈标签与动态的社交边界注定无法完全匹配。一方面，设置分组时可能出现遗漏。另一方面，分组无法对其他用户的行为进行约束，即无法阻止小圈层内的隐私信息被"圈内人"利用、传播并放入新的交流情境之中。③ 就事实来看，分组内的人将消息进行泄露甚至公之于众的事件并不少见。④ 因此，即使采取了分组隐私管理策略，用户仍然无法确定他人如何理解、评价自己所披露的内容，无法确定他人与自身的隐私观念是否一致、隐私信息会不会被泄露，而这些不确定性无疑为借助微信朋友圈达成的线上社交带来了更大的风险。

值得注意的是，这种流动规则下的分组隐私管理失灵并非仅与用户行为有关，微信的功能设计中也存在矛盾之处。微信的商业逻辑是尽可能地实现大范围用户的互联互通，且以隐私自我披露为基础。而朋友圈的分组式切割功能仅仅是对平台用户互联、内容公开传播的一种缓和。⑤ 多个小圈层和多种职能直接合并在同一个平台导致了圈层之间和隐私边界的模糊，虽然平台推出了设定可见范围的功能，但实际上还是将定义圈层的责任和风险抛给了用户。

第三节 社交媒体风险社交的危害

风险社交不仅生成机制较为复杂，其造成的负面影响和潜在危害也是多方面的。首先，就商业逻辑而言，风险社交会降低用户的使用体验，并且加深用户的隐私疲劳和社

---

① 黄莹. 语境消解、隐私边界与"不联网的权利"：对朋友圈"流失的使用者"的质性研究[J]. 新闻界，2018（4）：72-79.

② 秦艳华，王元欣. 社交媒体用户的媒介素养探析：从微信朋友圈的"观众隔离"现象谈起[J]. 中国编辑，2019（10）：21-26.

③ 范海潮. 作为"流动的隐私"：现代隐私观念的转变及理念审视：兼议"公私二元"隐私观念的内部矛盾[J]. 新闻界，2019（8）：59-69.

④ 洪杰文，段梦蓉. 朋友圈泛化下的社交媒体倦怠和网络社交自我[J]. 现代传播（中国传媒大学学报），2020，42（2）：76-81，85.

⑤ 吕冬青. 微信朋友圈"语境消解"的定性研究[J]. 编辑之友，2016（8）：62-67.

交媒体的使用倦怠，进而使社交媒体平台面临用户流失和活跃度下降的问题。其次，就社会治理逻辑而言，不仅个体层面上的公民隐私面临被侵犯的风险，社会层面上的言论自由也受到了威胁。

（一）用户隐私疲劳加深与平台面临用户流失

隐私疲劳是指用户对于隐私问题产生的一系列复杂情绪[①]，这种疲劳以隐私犬儒主义为核心，可拆解为对互联网公司的不信任、对个人数据缺乏了解带来的不确定性及对无法自我保护的无力感等情绪。[②] 考虑到用户对于隐私风险的认知也受到其已有的隐私相关经历的影响，随着社交媒体用户深陷风险社交活动，对自身隐私信息安全的担忧与难以脱身的无力感的结合则可能加重隐私疲劳。此外，隐私关注也增加了社交媒体用户的感知成本，进而直接影响了用户的使用意向。[③] 考虑到隐私疲劳与用户自感控制力不足有关，在隐私自我披露的过程中，社交媒体用户无论是对隐私信息的可能传播范围，还是对信息共有权的划分，甚至对隐私信息范围的认定，都常常处于一个难以确定且难以控制的状态。因此，当用户发觉自己面临着因风险社交行为而受到损害的威胁时，隐私疲劳这种消极应对机制和漠不关心的态度同样可能出现，进而对其行为和态度产生影响。

从商业逻辑的角度来看，风险社交与用户有关，且会对社交媒体平台的运营造成影响。出于不信任和缺乏安全感，用户会选择调整平台使用策略，如从积极参与内容生产变为偏好浏览等被动使用行为，以及从传统的大型社交媒体平台转向更新、更小众的平台，等等[④]。此时社交平台将面临用户流失和活跃度下降的问题，进而倒逼其就用户隐私保护策略进行改进。例如豆瓣在用户饱受组内帖文未经许可就被"搬运"至其他平台的骚扰之后，推出了"小组内容防搬运"功能，根据系统内提示，组长开启此功能后，如果第三人对帖文进行截图操作，截图上将自动生成经加密的用户 ID、帖子 ID 和截图时间信息。此外，即使对于隐私风险的忧虑和对平台信任的下降程度尚不足以让用户选择离开社交媒体平台，如果社交媒体平台对用户隐私的保护更加完善，从长期来看则可以收获更高的用户忠诚度和更持续的用户使用度[⑤]，这也从另一个方面证明了保护用户隐私对于平台运营的重要作用。

[①] Choi Hanbyul, Park Jonghwa, Jung Yoonhyuk. The role of privacy fatigue in online privacy behavior [J]. Computers in Human Behavior, 2017 (81): 42 – 51.

[②] Lutz Christoph, Hoffmann Christian, Ranzini Giulia. Data capitalism and the user: an exploration of privacy cynicism in Germany [J]. New Media & Society, 2020 (22): 1168 – 1187.

[③] 李慧，周雨，李谨如. 用户正在逃离社交媒体?：基于感知价值的社交媒体倦怠影响因素研究 [J]. 国际新闻界，2021, 43 (12): 120 – 141.

[④] Bright Laura, Lim Hayoung, Logan, Kelty. "Should I Post or Ghost?": examining how privacy concerns impact social media engagement in US consumers [J]. Psychology & Marketing, 2021, 38 (5): 1 – 11.

[⑤] Logan Kelty, Bright Laura, Grau, Stacy. "UNFRIEND ME, PLEASE!": social media fatigue and the theory of rational choice [J]. Journal of Marketing Theory and Practice, 2018, 26 (4): 357 – 367.

(二) 个人隐私与社会言论自由受到双重侵犯

在风险社交可能造成的诸多负面影响中，短期且直接的危害为用户的隐私泄露及个人利益受损。用户在社交媒体上留下的"数字足迹"，不论是争议性评论还是个人隐私信息，除了影响他人对自己的看法之外，还可能被恶意者利用以实现有害的目的。[①] 以人肉搜索为例，人肉搜索者首先会尝试获取受害者的隐私信息，其手法之一正是寻找受害者在互联网进行社会交往活动时留下的个人信息。社交媒体平台中受害者主动发布的个人照片、地理位置、学校或工作单位等信息都有可能成为攻击工具，除了对受害者造成心理层面上的压力之外，在部分极端案例中，这种行为甚至波及了受害者的现实生活。

从更长期的视角来看，风险社交可能带来更大的压力进而影响社会的自由言论环境。早在人肉搜索逐渐成为公众讨论的话题时，就有学者指出如果公众担心自己的私密话语、行为被曝光和被公众审视甚至惩罚，那么言论就会受到很大限度的压抑。[②] 正如前文所言，用户难以控制隐私信息的传播范围，也无法阻止观众对隐私信息进行私自传播。事实上，通过观察风险社交行为相关案例可以发现，被他人曝光的信息通常包含了可以引发后续围观者愤怒情绪的内容，而这种愤怒情绪往往与"冒犯"有关，即认为他人的言行侵犯了自己和自己所在群体的利益和规则。但应当认识到，不同环境下的社会规则是不同的，某些非公开的发言在私域中可以被容忍，但是一旦被曝光到公域，发言者就会被视为公开违反社会规则。[③] 因此，对于那些不违反法律法规但涉及道德层面和价值观问题的言行，这无疑造成了一种规则冲突和道德困境，也许"不知道"是一个更好的选项，但是在两极化的舆论观点及充满戾气的平台环境之下，选择不去窥视他人甚至容忍他人的"不体面"，以及拥有不被异见冒犯的心态似乎成了一种尚未足够普及的自由。

---

① Li Jingyu, Guo Fu, Qu Qing-Xing, Hao Deming. How does perceived overload in mobile social media influence users' passive usage intentions? considering the mediating roles of privacy concerns and social media fatigue [J]. International Journal of Human-Computer Interaction, 2021, 38 (10): 1 – 10.
② 戴激涛. 从"人肉搜索"看隐私权和言论自由的平衡保护 [J]. 法学, 2008 (11): 40 – 52.
③ 戴昕."看破不说破"：一种基础隐私规范 [J]. 学术月刊, 2021, 53 (4): 104 – 117.

第四节 社交媒体风险社交的预防与治理

正如风险社交的危害不仅仅只与作为用户或公民的个体相关，对风险社交进行预防和治理的责任也不能简单地推给用户。首先，社交媒体平台有责任改进自身功能，对用户就其行为可能带来的风险进行充分提醒。然而也要意识到，出于经济成本和平台运营的考虑，平台愿意采取的改进措施作用仍然有限。其次，从用户的角度出发，应当加强隐私信息素养，不仅要保证隐私披露者能够充分认识其行为的可能后果，也要培养"观众"对他人隐私的足够尊重，划清不得侵犯他人隐私的底线。最后，对于风险社交的既成损害应从法律法规的层面入手，在不侵犯公民合法隐私的前提下实现追责有效。此外，随着信息全球化的进一步发展，单一国家的规则难以与跨国公司或海外平台的行为适配，因此建立跨国追责机制也应当纳入考虑范围内。

（一）平台功能改进的有限作用

当前已经有一些社交媒体提供了帮助用户调整隐私披露策略的功能。例如，微信朋友圈分组和微博的"仅好友可见"功能是对可见用户范围的限制，微信朋友圈的"三天可见"等功能及 QQ 空间的"一键关闭"和微博的会员可设置"半年可见"的功能则是在时间维度上进行了范围划定。此外，Instagram 和以"阅后即焚"功能作为卖点的 Snapchat 也推出了截屏提醒功能，一旦"观众"对用户的内容进行屏幕截图，平台就会自动对发文者进行通知。考虑到相当一部分用户的隐私披露决策建立在近期的利益诱惑与对长期危险的忽略基础上[1]，社交媒体平台推出的警示功能也能帮助用户进行更理性的隐私披露判断。在一项关于位置信息披露与隐私风险感知的研究中，受访者在隐私风险感知方面表现出了基于语境、文化和信息可见度的差异。在实验中，当用户试图分享其位置信息时，系统会主动用不同颜色的标记提示其可能面临的隐私风险。研究结论证明，如果用户被告知其披露信息的性质及可能的影响，他们的位置信息主动披露意愿就会下降。[2]

然而，当推出规劝用户谨慎披露隐私的功能既意味着增加开发成本又与平台的用户活跃运营目标存在一定冲突时，平台是否还愿意进行改变呢？虽然上文提到的研究中指

---

[1] Fox Grace. "To protect my health or to protect my health privacy?" a mixed-methods investigation of the privacy paradox [J]. Journal of the Association for Information Science and Technology, 2020, 71 (2)：1-15.

[2] Alrayes Fatma, Abdelmoty Alia, El-Geresy W, Theodorakopoulos G. Modelling perceived risks to personal privacy from location disclosure on online social networks [J]. International Journal of Geographical Information Science, 2019, 34 (3)：1-27.

出了一种对用户隐私更有好处的模式，但是当前市场上并没有主流社交网络平台采用。此外，不同个体对于隐私概念和隐私范围的认知是相对有限的，用户的隐私评估也对即时所处的语境有较大依赖，因而对于信息的传播范围和窥视的底线在哪里也很难划定一个确定的标准。一方面，只依靠平台改进仍难以保证用户在具备足够知识的基础上进行理性判断；另一方面，基于语境的隐私界定意味着大量的数据处理，难以满足简化与效率两全的设想。① 因此，完全指望平台来进行规范的具体效果未知，反而可能陷入平台权力与用户权利的纠葛之中。所以将预防或降低风险社交损害的希望完全寄托在社交媒体平台自身的改进上是不现实的，当前只能在推动平台重视社会责任和规范隐私保护功能的基础上，从支持隐私被泄露者追责、加大对侵犯他人隐私者的惩罚力度及完善互联网规制的角度入手。

(二) 加强用户隐私信息素养

在新媒体时代，媒介素养和信息素养在信息收集和内容制作等基本要求之外也提出了关于加强媒介伦理意识和媒介法律意识以维护他人和自己利益的要求②，无论是隐私信息的主动披露者还是可能的"观众"，关于隐私风险与信息责任的知识与素养都仍有必要进一步增强。

首先，对于主动披露隐私的用户而言，充分了解可能带来的风险与后果尤为重要。从社交媒体使用的角度来讲，个体已惯于同时使用多个社交媒体，并针对各平台的环境与特性建构不同的身份，披露不同的信息以达到特定目的。③ 然而各平台之间的壁垒并非牢不可破，用户继续通过划分社交媒体使用在所属各社会群体之间构建边界④并维持在各平台进行不同形象呈现的难度也随之加大。这就带来了另一个问题：也许用户认为在某特定平台主动披露部分隐私不会带来风险，但他人也可能从用户的零散信息中拼凑出复杂结论，无论是明星还是普通人，被扒出"小号"或其他平台账号争议言行的事件屡见不鲜。这种在单次披露中数据维度不高，但通过整合各社交媒体平台的披露内容进而造成高维度数据泄露也可能成为形成隐私风险的一种情况。此外，未成年用户的自尊水平更易受到社交媒体自我披露行为的影响⑤，而且他们的媒介素养和隐私素养不高，更有可能面临隐私风险。根据腾讯联合发布的《2021 未成年人网络媒介素养行为

---

① Schermer Bart, Custers Bart, Van der Hof Simone. The crisis of consent: how stronger legal protection may lead to weaker consent in data protection [J]. Ethics and Information Technology, 2014, 16 (2): 171-182.
② 卢峰. 媒介素养之塔：新媒体技术影响下的媒介素养构成 [J]. 国际新闻界, 2015, 37 (4): 129-141.
③ Cho Hyunyi, Cannon Julie, Lopez Rachel, Li Wenbo. Social media literacy: a conceptual framework [J]. New Media & Society, 2022, 24 (1): 1-20.
④ Lee Yu-Hao, Yuan Chien Wen. The privacy calculus of "Friending" across multiple social media platforms [J]. Social Media + Society, 2020, 6 (2): 1-10.
⑤ Meeus Anneleen, Beullen Kathleen, Eggermont Steven. Like me (please?): connecting online self-presentation to pre- and early adolescents' self-esteem [J]. New Media & Society, 2019, 21 (3): 2386-2403.

分析报告》，三成的未成年调查对象在社交媒体上主动披露过隐私信息。① 因此，隐私披露者尤其应在一定帮助下认清在社交媒体发布隐私信息的可能后果，在此基础上再实行充分的自由选择。

其次，对于隐私内容的"观众"而言，其社交媒体使用素养也应进一步提高。而这种素养不仅仅是关于社交媒体使用礼仪的普及。社交媒体中监视的普遍性及对监视的想象影响了用户在社交媒体平台的自我呈现②，但是风险社交不仅与自我呈现和被监视有关，还在于受到损害性的可能性增加。这种可能性上升既归咎于对异见者的包容性下降，又源于愤怒情绪和报复手段的易得。群体内其他成员和部分"观众"有可能出于义愤或维护规则甚至报复心理等动机，将用户在私域内的争议性发言"搬运"到公域之中进行公开羞辱或斥责。举例而言，微博的各类 bot 账号中经常能收到匿名投稿，投稿多为某用户在社交媒体平台上发言的截屏，在这类投稿的评论区普遍会出现对此用户的声讨与谴责，围绕其话题聚集的同质化群体也使得愤怒情绪的发酵更加迅速，部分情况下还会出现人肉搜索等过激行为。

换言之，从平台用户的角度来看，风险社交一方面在于社交媒体用户对其主动披露的隐私信息缺乏掌控能力，相关安全意识也仍有不足；另一方面则是"观众"仍须学习如何冷静、理性地看待和回应争议性观点和价值观，而这一点也正与媒介素养研究呼吁从技术方面增强保护意识延伸到价值观方面学会尊重差异相契合。

(三) 完善信息权限制度

如果说强化社交媒体用户隐私素养教育是从事前预防的角度入手，那么针对已经发生的损害进行事后追责和损失弥补也是必需的治理手段，尤其应当优化通过用户行为信息进行隐私泄露取证和追责的渠道。

考虑到用户行为数据也属于隐私信息范畴，相关信息的获取权限应当得到明确划分，即保证用户信息不被滥用的同时留下电子痕迹，以便受到伤害的用户追责。鉴于社交媒体用户相对更重视来自其他用户的水平隐私侵犯，更难分辨、也更难防范来自平台方和第三方的垂直隐私侵犯，用户行动记录等信息在被平台方收集后，应当避免用户信息借由降低用户隐私风险的名义进一步受到来自垂直方向的压力，如向用户承诺信息匿名化的平台服务方需要就具体的服务条款进行完善。不仅如此，鉴于政府机关同样涉及个人信息收集等行为，也应对公权力就用户行为数据收集的权限和方式等做出进一步规范。③

---

① 腾讯发展. 2021 未成年人网络媒介素养行为分析报告 [EB/OL]. (2022-01-30). http://www.woshipm.com/it/5305680.html.
② Duffy Brooke, Chan Ngai. "You never really know who's looking": imagined surveillance across social media platforms [J]. New Media & Society, 2018, 21 (1): 22–39.
③ 张新宝. 我国个人信息保护法立法主要矛盾研讨 [J]. 吉林大学社会科学学报, 2018, 58 (05): 45–56, 204–205.

此外，跨国科技公司和社交媒体平台的复杂属性也使得管理部门获取信息权限及取证等追责行为的难度进一步加大。平台生态系统在不同层次上受到政府和企业的控制，两方或多或少存在对权力的争夺。从法律规范的角度讨论，随着科技公司的影响范围逐渐扩展到技术设施和非市场领域，除了提升自身对用户和社会的影响力之外，这种混合定位也通过在不同定位中摇摆而使得现有法律框架和部门职责面临着适用性的问题。此外，国家之间也通过制定不同的规则进行数据跨境流动的"主权"争夺。但是在缺乏一个有效的全球监管系统的背景之下，仅依靠一国的监管机构或者某一部法案进行管理也很艰难。以"N号房"事件和"盯射群"事件为例，与"N号房"事件的受害人隐私被动泄露不同，在"盯射群"事件中，部分受害人在社交媒体中发布的照片被熟人或陌生人盗用，并发布至匿名聊天群组，加上了侮辱性言论①。与两起事件均有关联的Telegram应用，则因其服务器设在境外的特征及用户匿名、信息加密等功能使得警方在取证和获取涉事用户信息以锁定嫌疑人的环节受到一定阻碍，进而影响了受害者的维权进程。②

（四）结语

社交媒体风险社交不仅仅是社会生活中社交需求与窥视欲在社交媒体平台中的延伸，更因新技术环境下隐私披露的难度降低、吸引力增加和带来的不利后果的严重性增加而愈加危险。风险社交现象不仅受综合因素影响而形成，而且其造成的负面影响也涉及了多个主体，不仅作为用户和社会成员的个体会受到影响，平台和社会言论环境也同样会处于风险之中。虽然平台通过功能改进可以对用户的隐私主动披露行为和意愿产生影响，但囿于利益考虑，其进行主动改进的可能性有限。因此，需要针对当前社交媒体用户隐私信息素养不足的问题采取措施，既要让披露者充分理解其可能面临的风险，又要让这些信息的"观众"认识到尊重他人隐私的重要性。在制度方面，不仅需要从事后弥补的角度对用户隐私信息的权限和追责方式等进行规范，而且在信息全球化的当下，如何达成广泛共识建立全球监管系统也有必要纳入考虑范畴。

---

① 楚天都市报极目新闻. 女子照片被好友盗发到色情群：7 300人"围观"，有人私信骚扰［EB/OL］.［2021-12-31］. https://m.gmw.cn/baijia/2021/12/31/1302744446.html.

② 北青深一度，朱俊熹. 那些被"上传"到色情聊天室的女孩们 | 深度报道［EB/OL］.［2022-02-08］. https://www.163.com/dy/article/GVMSSTH20512BN99.html.

【思考题】

1. 定义依情境而流动的"隐私信息"能否受到固定的平台规范的充分保护?
2. 提升社交媒体用户信息素养的同时,用户对异见保持宽容和社会对公序良俗的认可与维护如何促进?
3. 社交媒体"小号"的存在能否阻止"观众"闯入"后台"?
4. 用户如何平衡作为"观众"的窥视欲与作为表演者的形象塑造需求?

【推荐阅读书目】

[1] 张学波. 社交媒体中信息传播与用户行为研究 [M]. 广州:中山大学出版社, 2019.

[2] 霍尔·涅兹维奇 (Hal Niedzviecki). 我爱偷窥:为何我们爱上自我暴露和窥视他人 [M]. 黄玉华, 译. 北京:世界图书出版公司, 2015.

[3] 帕特里克·塔克尔. 赤裸裸的未来 [M]. 钱峰, 译. 南京:江苏凤凰文艺出版社, 2014.

[4] José van Dijck, Thomas Poell, Martijn de Waa. The Platform Society: Public Values in a Connective World [M]. UK: Oxford University Press, 2018.

第七讲

社交媒体中的情绪传播

本讲分析社交媒体传播的基本原理，包括情绪传播的定义、特征及功能。同时，我们关注了社交媒体中的数字情绪及其社会影响，包括社交媒体情绪传播社会影响的短期影响机制和长期实现逻辑。此外，我们还将重点研究社交媒体中常见的大众恐慌情绪，分析其蔓延过程和成因，并试图给出纾困之道。

第一节 社交媒体中情绪传播的基本原理[①]

在媒介技术日益发达、表现手段愈发丰富的情境中，情绪传播日益在大众传播中凸显，对社会的影响也越来越大。

情绪传播是以传播情绪和相关伴随性信息为主要内容的传播类型。[②] 作为主要传播内容，情绪在心理学中被界定为个体对客观事物的情感态度及在受到刺激之后从生理和行为上做出的反应。[③][④] 我们将情绪传播界定为个体或群体的情绪及与其伴随信息的表达、感染和分享的行为。具体来说，情绪传播的起点是传者在刺激之下所产生的心理活动，以对客观事物的评价和行为反应为内容，对传受双方均产生相应生理唤起、主观体验和传播行为的传播活动。值得注意的是，该类传播的内容不仅包括情绪信息，还包含情绪因素或由情绪因素引发的事实性信息。情绪传播行为不是短时的应激反应，其影响也并不会随着事件的解决而消散。

在新闻传播学领域，情绪则作为一个双向建构的概念逐渐为人们所认识：一方面，情绪是人类与生俱来的心理活动，其不仅从生理上而且从认知和行为上直接影响着人们对信息的接受和传播。另一方面，社会文化、技术环境等因素也为情绪的交流和异变不断地提供着新的话语背景。[⑤] 生理驱动性和社会建构性是情绪传播最重要的两个基本特征。

情绪传播具有一体两面的生理属性和社会属性，两者在互动中共同塑造个体和社会的情绪结构。人们对情绪传播生理属性的认识主要从最初的经验主义科学延伸而来，主要关注于人体自身神经系统的生理机制。而对于情绪传播的社会属性认识，则有着漫长的探索，其过程主要聚焦于情绪在社会科学中的作用判断。早在西方社会研究文化和情

[①] 本节内容发表于《编辑之友》，2021年第10期，原标题《情绪传播的社会影响研究》，有改动。
[②] 赵云泽，刘珍. 情绪传播：概念、原理及在新闻传播学研究中的地位[J]. 编辑之友，2020（1）：51-57.
[③] Frijda, N. H. Emotion, cognitive structure, and action tendency [J]. Cognition and Emotion, 1987, 1 (2): 115-143.
[④] 许远理，熊承清. 情绪心理学的理论与应用[M]. 北京：中国科学出版社，2011：1.
[⑤] McCarthy, E. D. The social construction of emotions: new directions from culture theory [J]. Social Perspectives on Emotion, 1990 (2): 267-299.

感转向之前，中国古代就有关注精神、情绪和心性的思想传统，并且很早就意识到了负面情绪传播对个体和群体造成的巨大影响，如《老子》中写道"祸莫大于轻敌，轻敌几丧吾宝，故抗兵相加，哀者胜矣"①，即所谓"哀兵必胜"。这说明当时的人们已经关注到了悲伤情绪、爱、同情与愤慨可以转化为凝聚力的现象。从近现代以来西方古典理论家勒庞（Gustave Le Bon）讨论病态情绪的社会危害，到 20 世纪末 Stjepan Mestrovic 对于资本主义制度下情绪成为媒体所炮制的消费品问题的反思②，再到 J. M. Barbalet 尝试涉及将情绪与社会心理的微观领域结合进行具体解读③，人们对情绪的社会属性的认识已经有了相对丰富的积累。

因此，情绪传播的过程不应止步于短时心理和生理的反应，也不应随着情绪传播伴随的事实性信息的传播频率降低而消弭。在情绪传播的过程中，情绪对于个体和群体事实上一直在产生持续的影响，这种影响一直通过生理层面的驱动和社会层面的积聚、组织和转化而体现出来。也就是说，要认清情绪传播的真实影响，我们不仅需要从情绪传播引起的表面现象去分析原因，增加对于情绪传播规律的认识，还需要把握情绪传播的基本特征去探讨这种与人类共生的传播现象如何深层地影响和建构社会。

情绪作为传播内容的特性及情绪传播机制的生成主要由情绪的功能所决定。情绪是"以个体的愿望和需要为中心的一种心理活动，是人对客观事物的态度体验及相应的行为反应"。情绪具有适应功能和唤起功能，这就决定了情绪传播活动区别于一般传播活动，具有"生理调动"的特点。情绪的适应功能主要从进化论的角度指出，在低等生物进化到人类的过程中，情绪机制不断发展，帮助人类在不同的生存环境和组织关系中产生相应的生理反应和体验，从而趋利避害。情绪的唤起功能则起着心理和行为的动机作用，是生理内驱力的放大器；而在高级目的行为当中，实现目的的情绪越是强烈，它所激发的内驱力就越大。因此，在情绪传播中，情绪会使人很快进入情绪性信息所营造的环境，并在生理上调整到相应的情绪水平，这在客观上也造成了情绪在舆情事件中的持续累积。

更为重要的是情绪传播还具有"行为指导"的特性，在构建对新闻事件的认识过程中，情绪相近的信息直接影响受众的接受程度，并进一步促成相互的传播活动。情绪具有认知功能，人们特别容易对与自身当前情绪相一致的材料内容更为敏感。也就是说，相近情绪的对象更容易相互注意并产生深入联系。情绪还具有交流功能。在人类进化和个体成长过程中，情绪的传递早于言语信息的传递，婴儿同社会建立最早的联系便是通过情绪的传播。情绪可以促进人际间的思想和情感沟通，使传受双方相互受到感

---

① 王弼. 老子道德经注校释［M］. 北京：中华书局，2008：173.
② Stjepan Mestrovic. Postemotional Society［M］. SAGE Publications Ltd，1997：10.
③ J. M. Barbalet. Emotion, Social Theory, and Social Structure: A Macrosociological Approach［M］. Cambridge University Press，2004：13.

染。人们可以通过视觉快速地进行情绪交流，激活接受一方的强烈的情绪反应。

社交媒体中的数字情绪既有个人主观的情绪表达，也有因公共事件而形成的公共情绪的传播。公众情绪传播具备社会属性，其发生机制表现出明显的群体性特征，其影响表现为对整个社会公共领域的触动。公众情绪的产生通常有两种路径：一是公共事件中大多数社会成员形成一致性的情绪反应；二是个体情绪进入公共议程感染其他社会成员，由个体情绪向公众情绪转化而成。在互联网场域中，新媒体传播的情绪已经被打上了社会化烙印，无论公共事件还是在个人事件中，能在网络中大规模传播的往往以公众情绪的形式呈现。① 在新技术日益普及的当下，社交媒体已成为个体获取公共信息、参与公共事务与表达观点、抒发情绪的重要渠道，社交媒体也为个体情绪进入公共视野和公共议程提供了平台支撑。② 从情绪传播的社会影响出发，社交媒体中的数字情绪有着短期的作用机制，即外界信息刺激、情绪唤起、情绪分享与情绪共鸣。从长期的效果来看，社交媒体中的情绪传播对塑造集体记忆、建构群体的身份认同及塑造社会情绪文化有着重要作用。

第二节　社交媒体情绪传播的影响机制③

一、社交媒体中情绪传播的短期作用机制

近年来，世界范围内各种公共危机事件频发，一方面，是由于世界整体处于经济社会转型中，不同利益角力引发社会的不稳定因素增多；另一方面，社交媒体绕开传统媒体把关，对情绪的快速扩散提供了技术基础。其结果是，刺激性信息获得强大的社会号召力，由线上形成舆论并带动线下行动，如果未能及时疏导，就会形成很大的社会风险。这也是情绪传播短期社会影响备受关注的原因。然而，情绪传播作为一种客观存在现象，其本身对社会的作用并非都是破坏性的。认清其形成机制，有利于提升社会治理的科学性。情绪传播的短期作用机制主要经历情绪唤起、情绪分享、情感共鸣三个阶段。

（一）情绪传播作用于社会的起点：情绪唤起

情绪唤起是情绪传播的最初阶段。因其对人的生理和认知状态的双重改变，故而其

---

① 李春，雷少杰. 突发群体性事件后情绪传播机制研究［J］. 现代传播，2016（6）：61-66.
② 赵云泽，王怀东. 公众情绪传播的社会实践性和客观性研究［J］. 新闻与写作，2021（8）：5-11.
③ 本节内容发表于《编辑之友》，2021年第10期，原标题《情绪传播的社会影响研究》，有改动。

也是观察情绪传播社会影响的发生起点。情绪唤起的直接原因是人体受到外部刺激，常见的刺激类型有强烈情绪性事件或生理感官信号。情绪唤起在认知层面能够使人体发生注意力转向进而引导行动。① 有研究表明，情绪会对认知的加工过程施加影响。② 相较于中性的刺激，情绪性刺激会使信息加工过程产生"特别关注"，具体表现为更快的反应和优先加工。这也就意味着在一些公共事件发生之后，包含情绪性信息的内容能够吸引更多受众的注意，并且唤起其情绪反应。

社交媒体的技术基础在情绪唤起阶段起到重要的作用。首先，社交媒体的平台化特征使其用户基数庞大，且嵌入用户的日常生活之中，起着不可或缺的基础设施的作用。庞大的用户量生产和传播海量信息，这其中也会包括大量的刺激性信息，在经过"以人为媒"的社交媒体的多次传播之后，会在更大的社会范围内唤起更多用户的情绪。其次，人们在使用社交媒体的过程中创造和使用各类包含情绪性信息的语言符号和图像符号，并在传播中逐渐生成符号的使用规则。表达强烈情绪的生理感官符号在社交媒体中被广泛使用，也起到了唤起情绪的作用。较为典型的例子是，社交媒体用户在表达观点时使用多个相似的标点符号，如"！！！"或使用带有情绪特征的emoji表情。这类符号在一定程度上弥补了线上对话中缺少表情信息和肢体语言造成的线索缺失，同时其中暗含的情绪化因素作为刺激性信息也可以唤起用户的情绪。

社交媒体的界面设计往往能够影响用户的使用行为。为唤醒用户情绪，促进传播行为的发生，社交媒体的操作界面也包含情绪性因素，各类社交媒体都会设计表示"喜欢""赞同"情绪的图标，并引导用户点击使用，如微信朋友圈的心形图标表示"点赞"。微博会给用户提供可供表达情绪的互动按键，并且通过不同的emoji表情，让用户看到其他用户对此条信息的情绪评价。嵌入社交媒体的信息算法推荐机制，会根据用户偏好为其推荐相似的内容，当用户浏览某条包含某种情绪的信息后，后台会根据用户的兴趣去推荐相似的信息，反复相似信息的叠加刺激也会唤醒用户的情绪。

同时，情绪启动也呈现出一定的视觉偏向。③ 当前已经实现良好传播效果的许多短视频作品大多运用了视觉在情绪唤起方面的规律。④ 而驶驶而来的5G技术更将以其高带宽、低延时等特点，为直播和增强现实、虚拟现实的应用的推广提供技术支持。线上、线下进行情绪传播和分享的体验差距正在不断被技术所消弭，人际传播的范围得到空前的拓展。情绪也将会获得更高频次和更大规模的传播，进而产生更大的社会影响。

---

① Wentura, D., Rothermund, K., &Bak, P. Automatic vigilance: the attention-grabbing power of approach- and avoidance-related social information [J]. Personality Social Psychology, 2000, 78 (6): 1024 – 1037.
② 杨小冬, 罗跃嘉. 注意受情绪信息影响的实验范式 [J]. 心理科学进展, 2004, 12 (6): 833.
③ 李紫菲, 胡笑雨. 网络表情包与情绪词对情绪启动影响的实验研究 [J]. 赣南师范大学学报, 2019 (4): 125 – 130.
④ 刘琼, 马文婷, 范一欣. 短视频平台突发公共事件的网络情绪呈现及舆情治理：以 Bilibili 网站"新冠疫情"议题为例 [J]. 电子政务, 2021 (6): 52 – 65.

(二) 情绪传播推动社会影响的进程：情绪分享

当情绪被唤起之后，存在着个体情绪逐渐社会化的过程。情绪社会分享（Social Sharing of Emotion）理论认为：当情绪事件发生之后，情绪体验者会自发地，甚至是迫切地想要向他人分享和描述自身的情绪经历。[①②] 这种现象被证明在人类社会中普遍存在，人们在情绪当中所获得的体验，最终都会诉诸分享和传播行为。[③] 在进行情绪的分享时，人们往往积极地采用言语、面部表情和声调等综合的符号系统来对单一或复合的情绪类型进行传播。而传播的路径通常依照情绪分享者的人际网络展开，逐层、逐级扩散。

除了生理驱动使然之外，作为社会性动物的人类之所以会有情绪分享与传播行为，最终还是归于人对于建立关系的渴望，以及在漫长进化过程中人在社会环境里如何自洽。情绪传播行为的具体动机可能是多方面的：（1）宣泄（venting）；（2）情景再现，重新体验（rehearsing/brooding）；（3）获得同情和关注（arousing empathy/attention）；（4）告知甚至警醒他人（informing and warning）；（5）寻求意见和帮助（advice and solutions）；（6）建立社会联结（bonding）；（7）获取帮助和安慰（assistance）；（8）事件诠释（clarification and meaning）；等等。其中，自身情绪的释放和发泄、注意和同情的唤起及信息层面的告知和提醒是居于前三位的主要动机。[④] 特别是在加入积极和消极两个效价之后，"宣泄"在负面情绪的分享动机中出现的最为频繁。而人在经历积极的事件之后传播情绪更多的是为了引起他人对该事件的注意，并在此过程中再度感受、回味令其兴奋的情景。

情绪分享对传播意愿和行为的激发在互联网环境下被放大，线上和线下边界的糅合使线上的情绪传播也越来越具有了线下人际传播的特质。越来越多的人会使用自己的真实身份呈现和表达自己的真实情绪和意见。真实身份、真情流露的背后，反映出人们情绪分享的迫切及生活的虚实互嵌。近年来，随着社交媒体迭代和传播形式的丰富，病毒式传播的情绪表达和分享行为极为常见。这种表达可以是单纯通过社交媒体分享自身情绪，也可能表现为更加激烈的线上与线下的情绪宣泄行为。在 TikTok 等社交媒体上某些表达情绪的内容得以一夜爆红，如中文歌曲《一剪梅》中仅仅一句"雪花飘飘，北风萧萧"意外在社交媒体的国外用户中引发病毒式传播。人们分享这句话的原因正是其

---

① Rimé B., Philippot P., Boca S., et al. Long-lasting cognitive and social consequences of emotion: social sharing and rumination [J]. European Review of Social Psychology, 1992, 3 (1): 225 – 258.

② Christophe V., Rimé B. Exposure to the social sharing of emotion: emotional impact, listener responses and secondary social sharing [J]. European Journal of Social Psychology, 1997, 27 (1): 37 – 54.

③ Singh-Manoux, A., & Finkenauer, C. Cultural variations in social sharing of emotions: an intercultural perspective [J]. Journal of Cross-Cultural Psychology, 2001, 32: 647 – 661.

④ Rimé, B. Interpersonal emotion regulation [M] //J. J. Gross. Handbook of Emotion Regulation. New York: Guilford Press, 2007: 466 – 485.

彻底唤起并激发了自身的情感体验，形象地表达了他们当时情景下的个体情绪。用户通过再创作将自身的情绪体验扩散的同时，从身体到心理、从行动到意见表达共同完成（体验）着分享情绪的仪式（愉悦）。

社交媒体去中心化的信息传播特点及其鼓励分享的社交属性，给予普通用户更多表达情绪的机会，使得私人情绪进入公共领域，为形成群体情绪和社会公共情绪奠定了基础。

（三）情绪传播的短期社会影响效果：情感共鸣

早期的观点认为公众情绪是舆论的潜在形式，潜舆论是依托个人社交关系小范围传播的"带有明显情绪性"的意见综合[1]，有学者又进一步明确指出"情绪是这种舆论的唯一外部形态"[2]。随后这种将情绪看作相对于"显舆论"的"意见萌芽"视角得到了继承，基本形成了当前人们对于情绪与舆论二者之间关系的普遍认识。

然而在这种阶段划分的视角下，舆情事件发展过程中情绪的特殊性还需要被特别注意：一方面，作为一种特殊的信息，情绪自身不仅可以获得单独传播，并且能够影响其他信息的传播效果。另一方面，情绪唤起对于情绪性意见的形成和情绪自身的传播起到直接推动作用，而情绪唤起会进一步驱动反应和行为，进而形成倾向性态度[3]，再接着由相应的情绪状态（emotional state）在信息加工过程中形成意见[4]。

因此，情绪是舆论的一个特殊组成部分。由于情绪对于认知的影响，情绪会通过最短路径影响公众。结合对近年来舆情事件发展的观察，我们认为舆论是由公共事件引发的人们的情绪、意见、推理、评价与该公共事件的事实信息共同组成的混合体，是理性成分和非理性成分组成的混合体。在这一阶段，情绪传播的短期社会影响已经形成。我们在关注到其形成社会舆论的同时，也需要看到在这一过程中同时发生的从个体情绪到社会化情绪，从短时情绪汇聚、交流和沉淀到社会情感的转变。最终在针对事实性信息形成众意的同时，也达成了短期社会情感层面的共识（图7-1）。

在社交媒体中，个体由于兴趣爱好等"趣缘"而相聚在一起形成各个"圈层"，在某个圈层内部的群体往往有着相似的价值观念和情感取向，当某个情绪事件发酵成社会性事件时，往往先在不同的圈层内部进行传播，引发群体的情感共鸣，再逐渐"破圈"传播，引发更大范围的情感共鸣。

---

[1] 沙莲香. 社会心理学 [M]. 北京：中国人民大学出版社，1987：320.
[2] 刘建明. 基础舆论学 [M]. 北京：中国人民大学出版社，1988：350.
[3] Reisenzein, R. The Schachter theory of emotion: two decades later [J]. Psychological Bulletin, 1983, 94 (2): 239.
[4] Schwarz, N., Bless, H., Bohner, G. Mood and persuasion: affective states influence the processing of persuasive communications [J]. Advances in Experimental Social Psychology, 1991 (24): 161–199.

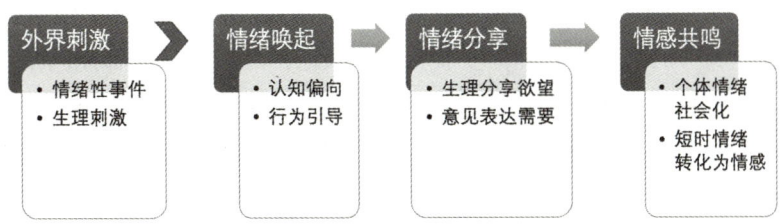

图 7-1 情绪传播的短期社会影响机制

可见，在外界情绪性事件或感官等因素的生理刺激之下情绪受到唤起，并由此启动了情绪传播的社会影响机制。在情绪唤起的过程中，注意力的转移起到了重要的推动作用，人的认知和行为都相应发生了改变。在受到强大的情绪内驱力推动后，人们往往产生强烈的分享欲望，进而激发情绪及相伴随的事实性信息的次级传播，最终在社会范围内达成针对事件的公共意见及社会化的稳定的情感共识。情绪传播要在短期内实现社会影响，需要在客观上具备三项要素，即外部刺激、意见共识和情感共识。

二、社交媒体中情绪传播的长期影响的实现逻辑

情绪传播的长期社会影响不仅存在，而且作用深远。此前，由于人们关注的焦点在于"应对"情绪传播，故而大多将情绪传播的终点归为舆情事件的解决。在这样的视角下形成了在情绪唤起之前减少相应刺激、从认知角度分散人群的注意力，进而达到弱化情绪传播的思路。这样的思路有短暂的社会效益，其前提是社会情绪重新回归常态。然而，社会情绪并不会随着舆情事件的解决而不留痕迹地消失，它还会长期地对社会产生作用。社交媒体中的情绪传播的长期影响包括形成社会情绪记忆场域、建构社会关系网络与身份认同及塑造社会情绪文化。

（一）形成社会情绪记忆场域

社交媒体的信息存储性与可被追溯性为社会情绪的集体记忆的记录、建构和彼此争夺提供了平台基础。

情绪传播在社会范围内引起共同的情绪反应和情感共识之后，能够刺激人们产生与之相关的长时记忆，而这种记忆不仅是个体的行为，同时也具有社会性。在选择性注意的理论前提之下，心理学家指出情绪具有一致性，即"当人们处于一种情绪状态时，倾向于选择和加工与该种情绪相一致的信息，表现出情绪的某种启动效应"[1]。而根据里奇（Ritchey）等人的相关研究，情绪能有效增强人脑内侧颞叶的记忆功能，因而相较于中性事件，与情绪有关的事件及情绪情感更容易为人们所记住。[2]

---

[1] 庄锦英. 影响情绪一致性效应的因素 [J]. 心理科学, 2006, 29 (5): 1104-1106.

[2] Ritchey, M., Dolcos, F., & Cabeza, R. Role of amygdala connectivity in the persistence of emotional memories over time: an event-related FMRI investigation [J]. Cerebral Cortex, 2008, 18 (11): 2494-2504.

无远弗届、万物互联的媒介环境使得各种情绪被作为信息记录留痕，情绪记忆（emotional memory）的留存方式和体量获得了极大地拓展。这些内容连同留在个体大脑中的长时记忆，共同组成了相对稳定的社会情绪记忆场域。传统的人类社会情感历史书写，主要以民谣、诗歌、绘画、音乐及备受研究者所关注的传统媒体等为载体。而现如今，人们的情绪记忆痕迹得以被无限延伸的赛博空间所记录。这种记忆的书写可以完整地实现发生学视角下对于情绪记忆的全记录：从刺激源头到事实信息，再到情绪共鸣，至最后在事件平息之后人们的纪念或回忆调动，一切皆可记录，一切皆可追溯。网络时代的情绪记忆书写还有一个特点，便是相较于传统记录方式的人为把关和过滤，互联网留存的情绪印迹则更为复杂多元。尽管如同意见的交锋一样，不同情绪之间还存在话语权的争夺，但数字化的手段在理论上保证了不同效价的情绪和情感都得到了保留。较为弱势的一方在一定的新环境中也可能被重新调动，成为影响范围更大的情绪。

社会情绪记忆场域形成后，首先最直接的效果便是使相应的情绪得以在对应的场域得到累积。情绪记忆与社会心理压力之间存在相互影响和转化的关系，情绪传播能够介入社会心态的生成过程。当人们对某种情绪形成了记忆的时候（尤其是负面情绪），社会心理压力更加容易调动该情绪的回忆。[1] 情绪反过来又能影响人们对当时的社会情境的评估和判定，进一步地形成社会心态。如此一来，短时的、交流性的、变动中的情绪会和长时的、稳定的情绪记忆形成流动和转化。这种转化不仅存在于微观的个体生命，也在中观甚至宏观的层面得到凸显。这也在一定程度上解释了互联网中原本在认知维度（cognitive dimension）性质并不相同的事件，缘何屡屡引起相似的大规模舆情。除了对于事实层面进行剖析和反思之外，情绪传播所引发的情绪共鸣和情绪记忆累积也是一个必要的维度。

同时情绪记忆也参与构建一定时期内的集体记忆，两者之间既有联系又有区别。个体的情绪和记忆在进行回忆时通常是在一定的社会框架下进行的，这在一定程度上印证了哈布瓦赫（Halbwachs）集体记忆的思想。[2] 而在信息时代，集体记忆的书写更会受到情绪传播的影响。但是，情绪记忆的身体性决定了个体书写、存储、唤醒和调动的方式更为随时和灵活。而其书写的方式也融入了更多体验性和具身行动的特点，如焦虑情绪下出现的大规模刷屏操作[3]，这种行动往往出自强烈的情绪驱动，但并不必然地与具体的事件信息相关联。

情绪记忆社会实践路径及其作用的烈度和深度还需要结合每一种具体的社会情境来进行横向和纵向两个维度的分析。从横向逻辑来说，政治、经济、文化及不同的社会组

---

[1] Elizabeth McManus, Deborah Talmi, Hamied Haroon, Nils Muhlert. The effects of psychosocial stress on item, cued-pair and emotional memory [J]. European Journal of Neuroscience, 2022（55）：2612 - 2631.

[2] 金寿福. 扬·阿斯曼的文化记忆理论 [J]. 外国语文, 2017（2）：36 - 40.

[3] 刁生富, 刘晓慧. 盛行与焦虑：刷屏的技术文化哲学反思 [J]. 西南民族大学学报（人文社科版），2019（10）：58 - 62.

织条件、信息传播方式、符号体系等因素都对情绪记忆产生影响。但不同于个案的舆情分析，笔者认为在基于宏观角度的观察研究时，需要加入时间的向度，在比较长时间的范围内去进行分析总结。例如，借鉴情感史研究的方式，与研究对象保持一定的时空距离，从而观察情绪传播的时空延展，以及在实践场景中所发挥的作用。

（二）建构社会关系网络与身份认同

情绪传播能够推动情绪极化，进而结成同向情绪或对立情绪关系的结构。人际传播是情绪传播的主要路径之一，情绪通过有差序的关系圈层来分享和传染。人们在相对封闭的场域内对情绪形成注意，并相互传达分享，这便构成柯林斯所说的个体参与互动仪式（且满足了"身体密度与对局外人参与的屏障，反馈到相互关注与情感连带中"）。①在互动仪式中，既发生了个体情绪社会化，又同时使得集体中的稳定情感能量（emotional energy）注入个体。在进行分享与互动时人们同时调用自身的情绪记忆，在认知层面不断对情绪信息进行加工，生成相互的吸引或对抗，从而构建出相应的以情绪为纽带的关系网络。

情绪关系网络以情绪反应为主要凝聚动力，因此其不仅能体现社会的横向分层，也同时可以调动纵向上不同资源、地位和权力的参与。一般的人际传播受到现实因素的影响较大，这些因素通常包含与伴随事实信息有关的接近性，以及现实利益的实际考量。有学者结合柯林斯的理论将之概括为："人们在进行情绪分享、情感互动时，不会随意选择倾诉对象，而是综合考虑互动的成本和情感收益后作（做）出最有利的选择。"②因此，人们在建立情绪连接的同时，现实中的关系网络也更容易随之而建立起来。但是，互联网的媒介环境增加了掌握较少社会资源人员的个体情绪被觉察的机会，情绪传播在当今更容易实现"破圈"。此外，一些公共性事件引发的社会情绪也可以跨越并联通不同社会地位，甚至不同文化背景、政治立场的人形成联系。在一定的触发机制下，这种纵向的情绪关系也会形成强烈的社会影响。

从社会治理的角度来看，在横、纵两个方向上建立情绪连接关系，一方面，有利于个体的身份认同建立；另一方面，当个体具备向多维度、多目标传播情绪的能力时，其自身就具备了更大的社会影响力。具体来说，个体既可以依靠情绪连接的关系建立自身的人际交往，又可以在群体当中建立共识形成情绪记忆，从而参与到群体的核心议题中，完成身份认同。特别是当情绪关系网络遭遇横向和纵向的重叠震动时，就很容易引发线下和线上的剧烈情绪行动。例如，2020年发生在美国的乔治·弗洛依德（George Floyd）事件，由能够直接唤起强情绪反应的视频画面引发了负面情绪的全球性传播。这一事件不仅导致黑人社区对美国当局的广泛谴责，西方主流媒体也纷纷发声批判美国

---

① 兰德尔·柯林斯. 互动仪式链 [M]. 林聚任，王鹏，宋丽君，译. 北京：商务印书馆，2011：222.
② 隋岩，李燕. 论网络语言对个体情绪社会化传播的作用 [J]. 国际新闻界，2020（1）：79-98.

白人警察对黑人的暴力执法。线上的悲恸、义愤最终点燃了线下激烈的群体抗议行动，甚至引发了美国大规模社会骚乱。通过强烈的情绪唤起，不同种族、不同社会地位、不同语言文化的人们不仅参与到情绪传播的过程中，而且逐渐形成对于种族主义乃至对美国社会治理的厌恶愤恨和失望的情绪。在经历过这些情绪体验之后，人们往往倾向于根据情绪关系网络进一步确认自己的身份认同情况。

（三）塑造社会情绪文化

情绪传播在社会建构中通过影响人们的记忆和认知建立起情绪记忆的书写框架，再由情绪为联系建立起横纵向延伸的关系系统，进而影响人们的自我定位。而情绪传播对社会的建构并未停止，在社会的文化层面，情绪传播也在对社会文化规训的反抗中留下了自己的遗产，成为大众文化流通并创造意义的一部分。

情绪传播可以撬动社会语言、社会习惯发生变化，从而实现对于社会文化的塑造。其中，在塑造社会文化的形式中最明显、影响范围最广的莫过于对语言符号的改造。情绪虽然可以通过非语言形式来传播，但是在现实传播环境下语言符号是使用最广泛的传播载体。社会媒体为情绪传播的话语实践提供了更便利的试验场，传统的、受到规训的情绪话语在这里反而成为被戏谑和挑战的对象。在后现代文化浪潮中，情绪传播的语言表达更为个性和直白，甚至出现了狂欢式的"造词"运动。除了表情符号（emojis）之外，能够直接描述情感的语汇也越来越丰富，人们通过情感符号（emoticons）、重复强调字符或标点、大写加粗、拟声词（如呜呜）表达情绪。[①] 这些语言在颠覆传统严谨克制的语言风格的同时，也在扩大情绪传播的话语权，使得情绪从隐而不彰，到如今充斥在任何一种媒介形式的内容元素中，并被刻意强调。情绪传播的无处不在倒逼着原本稳定而严肃的话语不得不吸收这些语言进入自身的体系。

还有一些文化现象同样由情绪传播引起，通过习惯或特定仪式的巩固进入主流文化，固定为社会情感和精神文化的一部分。公众在因同一情绪而形成情绪关系的同时，不断地情绪刺激也使人们进入特定的精神状态，巩固着情绪的长时记忆。这种模式在不断的复现中被强化，形成对行动的指导作用。1981年，中国女排在第三届世界排球锦标赛上首夺世界冠军，举国同庆，这种强烈的喜悦和自豪传遍整个社会，中国女排成为"人们争相学习的榜样，最为'疯狂'之时，每逢女排重大赛事，学校停课、工厂停工，万人空巷看比赛"[②]。观看时的紧张、对女排队员的疼惜、胜利时的狂喜成为当时人们记忆深刻的情感体验，而经过女排"六年五冠"的强化刺激，"中国女排"已经超越了一般的体育赛事。从个人层面来看，人们在不断围绕着女排而进行的情绪分享时，胜利和扬眉吐气的积极情感回味成为他们的深刻记忆，并从认知上愿意不断唤起这种愉

---

① 唐雪梅. 社会化媒体情绪化信息传播研究的理论述评 [J]. 现代情报, 2019, 39 (3): 117.
② 赵岑, 郑国华. 新时代中国女排精神内涵与价值传承 [J]. 体育文化导刊, 2020 (9): 30.

悦情绪的内驱力；从社会层面来看，中国女排逐渐在情绪传播过程中被塑造成为正向精神文化的载体，自身认同在这一过程中也被反复确认。女排精神抽象成为一种与国家复兴、个人奋斗息息相关的文化现象。在以后的赛事中，无论当时的中国女排表现如何，女排精神都成为社会主流叙事中稳定的积极性符号。

情绪的传播和动员还有利于形成文化的自我觉醒和创建。媒介技术使人们生活的时空观念缩小，而对于情绪的感知能力和需求却变得更为强烈。在2020年的新冠肺炎疫情防控期间，人们无数次地被医护人员及全社会共同战"疫"的事迹所感动。饱含道德和文化判断的深层情绪被激发，使得这类信息达到了良好的传播效果。弥漫在整个社会的情绪化作许多网友自发创作相关内容的内驱力，爱国主义、集体主义、不屈不挠、不畏困苦的文化在这些作品中被更进一步地挖掘和发展。这种情绪的传播和情感的动员，在全社会引发的积极影响直接服务于全民抗疫的深入推进。人们在同情、义愤、感动、焦虑、振奋的情绪驱动中，增进对文化的体悟，也完成着自我的反思与觉醒。这一过程进而又参与了情绪传播的社会影响，使每一个环节相互推进，不断形成向深层的循环传导。

第三节　社交媒体中的恐慌情绪螺旋[①]

社交媒体以其庞大的用户基数、算法驱动的分发方式和便于信息传播的界面设计成为公共事件中情绪传播的重要载体。恐慌情绪是负面情绪的一种，受到人类进化过程与大脑生理本能的影响，在社交媒体中负面情绪往往比正面情绪更能引发人们的警觉和传播。社交媒体"以人为媒"的传播方式，使得能够引发人们恐慌情绪的公共事件信息借由无数用户的转发、评论、助力上热门等方法，抵达到其他用户的信息流中，使其从小范围的圈层传播突破到其他圈层，达到"破圈"传播的效果。同时，社交媒体中内嵌的算法推荐机制，也会根据用户点击偏好，将引发人们恐慌情绪的公共事件信息推送给更多的受众，且由于社交媒体中的信息多采用碎片化和情绪化的表达方式，信息的全貌、真实性与客观性难以被更好地呈现和确证，这类不确定性高的高情绪性内容也会唤起用户的恐慌情绪。因此，恐慌情绪在社交媒体中是较为常见的大众情绪之一。恐慌情绪所引发的非理性的群体行动可能会导致严重的社会后果，本节将厘清恐慌情绪的蔓延过程及其引发的群体性认知障碍的原因，并给出相应的解决措施。

[①] 本节内容发表示《当代传播》，2021年第2期，原标题《危机事件中恐慌情绪传播及群体认知研究》，有改动。

▶▶ 一、个体对负性情绪信息的优先认知效应

早在远古时代，人类大脑已经学会在遇到猛兽时，关闭自己的思考，自动化地采取尽力奔跑、对抗，甚至装死的方式来逃脱危险。这是在优胜劣汰的自然法则下，人类祖先为保全性命所做出的生理性进化：当感受到压力时，大脑中的杏仁核会关闭负责理性思考的前额叶皮质，中断现有的认知加工活动，并将注意力引向最需要优先关注的问题之上，保证个体在面对威胁时能够迅速地回以本能性反应[1]，这样的生理设置是为了应对偶然出现、迫在眉睫的风险与危机。

作为识别情绪刺激、产生情绪反应的关键部位，杏仁核的快速反馈机制使人类对于信息的早期知觉加工得以实现。[2] 同时，杏仁核也是产生和加工恐慌情绪相关信息及表达恐慌行为的关键大脑结构。[3] 面对突发风险刺激时，杏仁核的激活要优先于其他脑部活动，大脑的理性思考会本能地服从于杏仁核的指令。首先，从生理构造角度来分析，杏仁核对于情绪信息的快速反馈使得相对于理性信息内容，人们会优先识别环境中的情绪信息。这就解释了为什么社交媒体中的高情绪内容往往更容易引起人们的注意，且更容易被传播扩散。其次，从大脑的运作机制来看，情绪会先于且在一定程度上独立于理性思考产生：对刺激物的强烈情绪反应通常是生物体的第一反应，可以在几乎没有理性认知参与的情况下进行。这种优先、独立产生的本能情绪反应会带来一系列生理上的表征。在之后的信息认知过程中，这种已被唤起的情绪始终存在，会对个体后续的理性认知过程产生持续深入的影响，进而影响个体行为的启动与选择。当然，在恐慌情绪极度、快速唤起的情况下产生的个体行为大多是非理性的。

除相较于理性认知，人类大脑对情绪信息产生的优先认知效应之外，在针对情绪性信息的认知加工与刺激反应中，与正向情绪性信息和中性情绪性信息内容相比，大脑对环境中的负性情绪信息内容有着特殊的敏感性。大脑会对负性情绪信息优先进行加工，并做出反应，称为"情绪的负性认知偏向"。行为实验数据表明，负性事件所引起的情绪反应潜伏期更短、速度更快、唤起程度也更高，且这种负性情绪的认知偏向效应在信息加工的早、中、晚三个阶段都会发生。[4] 总的来说，当面对公共危机事件时，人们会优先关注其中的负面信息，从而更容易产生不良情绪。这种个体情绪信息获取，尤其是

---

[1] Armony, J. L., Servan-Schreiber, D., Cohen, J. D., & LeDoux, J. E. Computational modeling of emotion: explorations through the anatomy and physiology of fear conditioning [J]. Trends in Cognitive Sciences, 1997, 1 (1): 28-34.

[2] Anderson, A. K., & Phelps, E. A. Lesions of the human amygdala impair enhanced perception of emotionally salient events [J]. Nature, 2001, 411 (6835): 305-309.

[3] LeDoux, J. E. Emotion: clues from the brain [J]. Annual Review of Psychology, 1995, 46 (1): 209-235.

[4] 罗跃嘉, 黄宇霞, 李新影, 等. 情绪对认知加工的影响：事件相关脑电位系列研究 [J]. 心理科学进展, 2006 (4): 505-510.

负性情绪信息内容获取的优先性解释了在面对公共危机事件刺激时，个体的恐慌情绪为什么极易被唤起。

二、恐慌情绪唤起引发群体性认知障碍的原因

恐慌情绪是人和动物所特有的一种应激反应，首先表现为内心的严重恐惧和不安，进而表现为行为的无序和慌乱。从本质上讲，恐慌是个体在意识到自身面临巨大危机、可用资源逐渐减少的情况下，对所处环境丧失信任，导致自我控制能力和安全感的缺失，从而出现的强烈害怕的反应。从宏观角度来说，恐慌是社会整体对突发公共危机事件的一种客观反映，是极端情况下群体行为的一种特殊形态，体现出群体对于社会或个体危机承载能力的不确定和不信任。在公共危机事件爆发，尤其是长时间处于恐慌状态或沉浸在以负面恐慌信息为主的舆论环境中时，大众会对周围环境和自身状况产生警戒倾向、预期焦虑和灾难性的认知偏向。这种倾向于扩大灾难情境、过分低估自身有效应对风险的能力、以灾难化的方式预期危机后果的信息认知方式就是产生了认知障碍。具体来说，恐慌情绪影响下的认知障碍体现在个体对恐慌情绪及与之相关的刺激事件产生注意力资源的集中偏向，无法灵活、自主地控制和分配自身认知资源，产生个体认知的固化和黏着。这种认知上的障碍在情绪唤起到非理性行为启动之间的转化中起着关键的中介和协调作用，影响着个体的具体应对行为。恐慌情绪的高唤起度会对个体的理性认知形成干扰，减少个体认知资源的正常分配比例，降低个体其他情绪反应的唤起水平。同时，恐慌情绪的高传染性会导致"恐慌情绪唤起—认知障碍"螺旋在社会层面呈多发状态，从而形成群体认知障碍。

（一）"耶克斯—多德森定律"与恐慌情绪的高唤起性

许多先行研究都认为情绪会影响个体的认知表现，"所有的信息处理都是情绪化的，情绪是驱动、组织、放大和减弱认知活动的能量水平，反过来又是这种活动的体验和表达"[1]。在正常的信息接触过程中，个体的本能情绪反应与理性认知交织进行并相互协调，共同指导决策行为。但在某些特殊情况下，情绪与认知会产生冲突和对抗，即便是过往认知经验认为是非理性的想法，在情绪唤起的影响下反倒会被认为是当下"急需"的认知或行为。那么，情绪对个体认知所产生的或促进或干扰的作用究竟是受什么要素的影响？

耶克斯和多德森通过实验发现了学习动机与认知效率之间的"倒 U 型"关系，并由此建构了动机刺激强度与认知表现之间的"耶克斯—多德森定律"[2]。在情绪研究领

---

[1] Dodge, K. A. Emotion and Social Information Processing [M] // J. Garber, & K. A. Dodge. The Development of Emotion Regulation and Dysregulation. Cambridge: Cambridge University Press, 1991: 159–181.

[2] Yerkes, R. M., & Dodson, J. D. The relation of strength of stimulus to rapidity of habit-formation [J]. Journal of Comparative Neurology and Psychology, 1908, 18 (5): 459–482.

域，这一研究结果表现为，当认知任务难度一定的情况下，一定阈值内的先行情绪唤起能够有效刺激大脑神经的兴奋性，帮助改善个体的认知表现，但当情绪唤起超过这一阈值后，情绪的过度唤起就会损害个体的认知表现。[1] 根据"耶克斯—多德森定律"及其延伸内容，我们发现情绪唤起强度是决定情绪对个体认知表现影响的关键因素，在超过一定界限后，认知表现和情绪的唤起程度呈反比，即越是能够引发个人情绪波动的内容，人们对其认知表现就越差。当个体的情绪唤起水平过高时，就会出现认知障碍。作为带有主观特性的个人感受，情绪的唤起强度高低受多方面条件的影响。首先，周遭环境变化与个体认知图式之间的差异越大，情绪唤起的强度就越高[2]。其次，个体对事件的控制感也是影响个体情绪唤起强度的重要因素[3]，若个体对某一事件的控制感较弱，认为其超出自身可控范围，那么就会对该事件产生较高强度的负面情绪唤起。再次，情绪唤起程度的高低在一定程度上受个体需求满足程度的影响[4]，当个体的需求被满足程度较低时，个体的负面情绪唤起就会较为强烈。在公共危机事件突然爆发的情况下，个体所处的环境剧烈变化，脱离个体所固有并习惯的认知图式，并对社会系统的基本价值、行为准则及制度秩序产生严重威胁，使得个体大脑中的恐慌情绪在短时间内被急剧唤起。公共危机事件本身具有高度的不确定性，尤其是在事件发展酝酿的早期，包括政府在内的组织机构对事件相关信息的了解程度都比较低，危机事件的未知性带给大众对危机事件的强烈失控感，引发个体高度的恐慌情绪唤起。甚至于个体在没有受到公共危机事件实质性侵扰的情况下，仅仅是通过想象不可控危机事件所带来的严重后果就足以引发强烈的恐慌情绪体验。同时，公共危机事件大多与社会利益和个人利益密切相关，当危机事件真正威胁到个人利益，导致个体的物质或精神需求得不到满足时，个体的恐慌情绪的唤起强度就会更高。

（二）恐慌情绪的高传染性

恐慌情绪的高唤起性是个体认知障碍的形成原因，而恐慌情绪的高传染性则使认知障碍能够在社会层面大范围地感染和扩散，形成群体认知障碍。情绪传染或称情绪感染是指"感官情绪信息自动地、无意识地在人际间传递的过程"[5]。群体传播中恐慌情绪的产生和传递基本不受个体的理性所控制。在群体中"本能性的情绪特别容易感染，而理智的、冷静的情绪丝毫不起作用"，同时"群体情绪的相互传染对群体特点的形成起

---

[1] Broadhurst, P. L. Emotionality and the Yerkes Dodson Law [J]. Journal of Experimental Psychology, 1957, 54 (5): 345 – 352.

[2] Roseman, Ira J., & Evdokas, A. Appraisals cause experienced emotions: experimental evidence [J]. Cognition and Emotion, 2008, 18 (1): 1 – 28.

[3] Frijda, N. H. The laws of emotion [J]. American Psychologist, 1988, 43 (5): 349 – 358.

[4] 朱代琼，王国华. 基于社会情绪"扩音"机制的网络舆情传播分析：以"红黄蓝幼儿园虐童事件"为例[J]. 西南民族大学学报（人文社科版），2019 (3): 146 – 153.

[5] 张奇勇，卢家楣. 情绪感染的概念与发生机制[J]. 心理科学进展，2013 (9): 1596 – 1604.

着决定性的作用，决定着群体行为选择的倾向"。[①]

恐慌情绪作为个体本能负面情绪的一种，本身就具有群体性和社会性的特点，具有极强的传染性，在相对自发的传播行为和无序的情境下，容易在社会层面大范围传播，由个体情绪传播蔓延为群体情绪。尤其是公共危机事件的爆发，会引起多数人产生共同的恐慌情绪反应，在"集体无意识"的影响下，群体恐慌骤然加剧，并可能呈现出螺旋化的趋势。这种主宰着人类社会生活的"无意识"是认知障碍的一种显著表现形式，群体在高度唤起情绪的支配下，丧失理性认知和思考的能力，成为"无意识"的个体。这种恐慌情绪影响个体认知的作用机制具有相当程度的普遍性，使得在社会整体层面出现群体认知障碍成为可能。受个体对负性情绪性内容优先关注的影响，大众传播领域中与公共危机事件相关的信息，尤其是高恐慌情绪唤起的刺激性内容在传播场域中处于优势地位，更容易吸引群体的注意，产生群体性认知障碍，并最终可能会演变成非理性群体极化行为。

三、"恐慌情绪唤起—认知障碍"螺旋

在恐慌情绪高度唤起的情况下，个体会出现一系列的生理反应和认知症状：生理上表现为比较明显的心悸、出汗、震颤等自主神经失常反应；认知上倾向于对公共危机事件产生强烈的失控感和灾难性的认知偏向，打破个体原有的认知图式，出现认知障碍。概括来说，情绪唤起对个体认知的影响主要表现为三个方面：注意偏向、解释偏向和记忆偏向。情绪可以使人对信息的注意、感知和记忆等认知过程变得有选择性[②]，直接影响个体的信息诠释、判断与加工处理过程。当这种选择性和偏向性在高强度情绪唤起的影响下出现过度偏激和集中时，即可被视为个体产生了认知障碍。在公共危机事件爆发时，受高度恐慌情绪的影响，个体在认知上的注意偏向表现为缩小自身认知范围，对环境中的威胁刺激集中分配更多认知资源；解释偏向表现为倾向于以消极的、灾难性的方式解释模棱两可情境中的不确定刺激；记忆偏向表现为个体更容易回忆起过往的危机风险经历，并激活存储在情绪记忆中的恐慌情绪信息。在认知障碍产生的情况下，个体执着于思考危机事件可能带来的不幸后果，并无限放大，进而容易采取偏激、极化等非理性行为来缓解恐慌情绪和回避风险。这些非理性行为表现为个体在社交媒体上的非理性信息传播：对于传播高情绪性内容的倾向性和对公共危机事件真相的视而不见。这种信息传播行为会对舆论环境产生极为负面的影响，当处于畸形舆情环境中时，大众更容易产生高唤起度与高传染性的恐慌情绪，产生更深层次的认知障碍。同时，个体也容易采取极端化的线下非理性行为，形成"恐慌情绪唤起—认知障碍"的恶性循环（图7-2）。

[①] 勒庞. 乌合之众：大众心理研究 [M]. 冯克利，译. 北京：中央编译出版社，2000：15-38.
[②] Ochsner, K. N., & Gross, J. J. The cognitive control of emotion [J]. Trends Cognitive Science, 2005, 9 (5): 242-249.

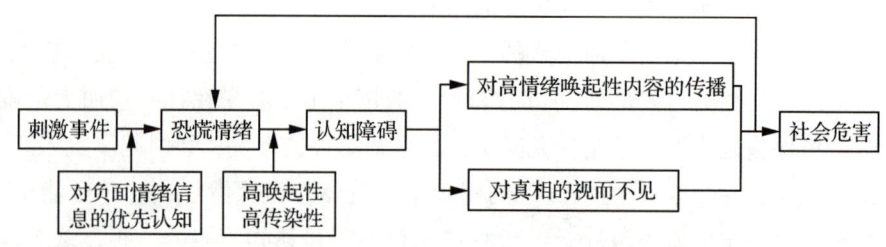

图 7-2 "恐慌情绪唤起—认识障碍"循环模型

这种"恐慌情绪唤起—认知障碍"的循环会不断扩大其横向上的影响范围,在社会层面形成群体认知障碍,而群体认知障碍在认知和行为上所产生的负面影响会进一步导致恐慌情绪的加剧,促成恐慌情绪与认知障碍之间的螺旋式发展。这一漩涡在形成与发展的纵深过程中会使社会舆情场域吸纳更多的情绪性、煽动性内容,而舆情中真相的地位则不断下降(图 7-3)。

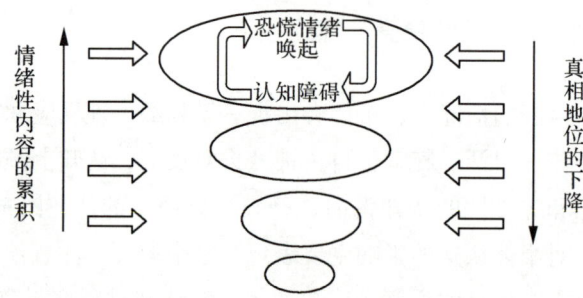

图 7-3 "恐慌情绪唤起—认知障碍"螺旋的横向与纵向发展示意图

(一) 对高情绪唤起性内容的传播

近年来,越来越多的学者提出情绪传播的概念,这种传播不仅包括单纯的情绪信息,还包括情绪因素或由情绪因素引发的事实性信息。情绪广播理论认为,传播个体进行社会信息分享的驱动力是情绪刺激所唤起的个体生理性情绪反应。[①] 简单来说,我们可以将个人情绪视为一种动机能量,或者是一种驱动力,它在规范个体主观经验体验与表达的同时,赋予了人体采取行动的力量,并为个体行动指明方向。情绪的唤起被认为是影响人们认知过程、促使个体潜在认知转化为现实性行为的重要动力因素。高情绪唤起性内容不仅容易导致个体的认知障碍,还会获得更高的转发量与阅读量,情绪唤起所起到的动力作用在信息转发与内容传播方面体现得淋漓尽致。相较于理性信息来说,高情绪唤起性内容总能获得群体的更多关注。有学者指出,消极情绪譬如冲突、摧毁、失败等更容易被个体传播,含有冲突和矛盾的新闻报道的阅读率会显著提高。甚至有学者

---

① Harber, K. D., & Cohen, D. J. The emotional broadcaster theory of social sharing [J]. Journal of Language and Social Psychology, 2005, 24 (4): 382–400.

发现，新闻选题的负面程度与其所拥有的版面大小呈现出强烈的相关性。学者在与灾难议题和政治议题相关的研究中也发现，与中性情绪相比，无论是消极情绪还是积极情绪，均能够显著提高推文的转发率。且政治推文中所蕴含的情绪值越高，推文被转发的频率就越高。

社交媒体的推送转发机制赋予了大众更多发声的权利，在情绪唤起的情况下，个体更加追求与信息在情感上的共鸣与契合，排斥深奥复杂的理性信息。相对于客观中立的新闻报道，这些信息共同的特点是涉及较为敏感的讨论话题、采用偏激的情绪化语言、配有高情绪唤起性的图片或视频等。① 在恐慌情绪唤起的情况下，社交媒体上的情绪性内容如同核裂变，扩散范围呈指数增长，且难以控制。人们在复杂信息的选择中也更愿意相信自己的感觉、接受想接受的内容，极其容易被一些强化后的特定情绪或观点所影响和感染。②

在个体受恐慌情绪影响产生认知障碍的情况下，高情绪唤起性内容更能与他们产生共鸣。这种情绪上的碰撞与附和使个体不假思索地转发与公共危机事件相关的情绪性内容，一方面，作为对自身过度恐慌情绪的宣泄与缓解；另一方面，表明自己的态度和立场，进行所谓的观点"站队"。于是社交媒体上的信息就形成了一个巨大的恐慌情绪旋涡，所有人都被他人所转发的情绪信息所感染，进而又作为情绪内容的传播者去影响他人。在这一过程中，理性和真相被抛诸脑后，留下的是一场情绪的狂欢。

同时，个体在公共危机事件爆发时，受大数据算法的支配对恐慌情绪信息产生的重复性接触容易形成"信息茧房"。在高情绪唤起性内容的影响下，个体对于刺激事件的第一印象和认知角度较为固定，难以发生改变。当个体持续受同质化负性情绪信息的影响时，会出现难以摆脱某种特定情绪的情况。在以恐慌为代表的负性情感能量在舆论场上充分集聚和积累，且这些负性能量有具体的指向对象，如意识形态、领导、金钱或社会其他组织与个体等时，出现非理性群体极化行为的可能性就会大幅增加。而对于任何一个社会来说，尽量避免极端情绪的积累，保证社会成员的总体情绪，即社会情绪趋于稳定和积极是提高社会运行效率、推动社会前进的必然选择。

(二) 对真相的视而不见

作为信息的一种，情绪是由事实性信息刺激产生的，不仅可以独立传播，并且比事实具有更强的感染力和传播力。在情绪传播的影响下，人们最先接触到的信息是情绪，认知行为也会被先行情绪所改变，以至于出现将真相放于次要位置，甚至干脆不接受真相的情况。于是，后真相时代出现，"事实传播"逐渐向"情绪传播"演变。《牛津词

---

① 刘中望，张梦霞. 微博议程设置路径与用户认知模式的实证研究：基于新浪"热门微博"榜、新闻中心新闻榜的比较 [J]. 湘潭大学学报（哲学社会科学版），2013（5）：92-96.
② 高萍，吴郁薇. 从议程设置到情绪设置：中美贸易摩擦期间《人民日报》的情绪引导 [J]. 现代传播（中国传媒大学学报），2019（10）：67-71.

典》把"后真相"定义为"情绪及个人观点比客观事实更能影响和塑造公众舆论的情况"。当公共危机事件爆发时,与其相关的事实性信息始终存在,但受恐慌情绪唤起与认知障碍的影响,受众常常对真相视而不见,反而是对一些毫无根据的虚假信息深信不疑。美国麻省理工学院的一则调查显示,假新闻散布的速率是真新闻的六倍,人们更愿意转载假的那一部分。①

所谓的对真相视而不见,其实更多是指在认知障碍产生的情况下,个体丧失了对复杂事件进行理性分析的能力。甚至于在风险危机发生的极端情况下,一些不符合正常认知图式的情绪性信息内容也会在认知障碍的影响下,使人们抱着"宁可信其有,不可信其无"的态度被说服,并进行信息转发,在某种程度上将这种传播行为作为压力释放的出口。造成这种现象频发的原因是多方面的。首先,从传统媒体时代到新媒体时代的发展实现了发言权的下移,舆论场上传播的更多是未经"把关人"筛选的普通受众的发言内容,导致从生产环节开始,信息的情绪化程度和真实性就不受控制。其次,群体情绪的感染机制认为,人们会把自身情绪与他人进行比较,并做出相应的调整,使自己的情绪与大多数人保持一致。② 因此,公共危机事件的爆发,极易在社交媒体上形成大规模的情绪共振,公众的注意力和关注点也会在认知障碍的影响下,从事实本身转移到以情绪、观点、立场为主的主观性内容上去。同时,社交媒体中的"意见领袖",甚至是社交媒体平台中的媒体为了获取更多流量和关注度,时常有意识地传播带有鲜明情绪性,甚至是未经核实的虚假内容。相比于事实和真相,这类内容更容易煽动受众情绪,也更容易被传播扩散。

人类大脑的运作机制决定了非理性的、自觉发生的情绪唤起相对于理性思考和分析有先天的优势,可以作为一种本能被接纳。在接收信息的过程中,个体并未认真辨别信息的真实性,而是主观认为真实且在出现高度情感契合的情况下就选择转发。尤其是在公共危机事件爆发的初期,真相还未明了,但社会情绪已快速酝酿和爆发。认知上的不确定性与情绪高度唤起之间的矛盾使得人们通过想象和过往经验来"脑补"危机事件的真实情况。

受恐慌情绪和认知障碍的影响,人们甚至更愿意相信谣言,因为真相往往平淡无奇,而谣言则充满更多的传奇色彩,满足人的情感需求。恐慌情绪的蔓延与认知障碍的出现,导致个体对既有谣言印象的加深和对真相的排斥。换句话说,以谣言传播为代表的群体非理性行为不是止于真相的披露,而是止于群体情绪的终结。若恐慌情绪的唤起程度降低,个体的认知障碍就会随之缓解,重新回归理性认知者的角色。

---

① 姬德强. 深度造假:人工智能时代的视觉政治 [J]. 新闻大学, 2020 (7): 11 – 16, 121.
② JV Festinger, L. A theory of social comparison processes [J]. Human Relations, 1954, 7 (2): 117 – 140.

四、对恐慌情绪刺激产生危害的社会治理

对于公共危机事件的妥善处理,既要重视对真相的传播,又要采取措施降低恐慌情绪的唤起度,提供足够社会支持,以减少人们在恐慌情绪唤起影响下所产生的认知障碍,使群体恢复理性思考的能力,以充分的理性而非一时的情绪来应对复杂事件,从根本上减少情绪与行为上的盲从。针对公共危机事件中的"恐慌情绪唤起—认知障碍"螺旋,我们提出以下几点社会治理建议。

(一)为社会恐慌提前注入"心理预防针",降低危机事件带来的情绪唤起度

恐慌情绪的唤起度与个体的心理预期密切相关,突如其来的公共危机事件往往会带来更高的恐慌情绪唤起度。而如果人们对公共危机事件有了一定的心理预期,那么当危机真正来临时,恐慌情绪的唤起度就会相应降低。所以在日常的公共传播中,政府相关部门和媒体要对公共危机事件做足够多的科普工作,将公众对于危机和风险的认知提高,尽量使受众对公共危机事件形成科学、充分的心理预期,避免由于事发突然所带来的过度恐慌情绪唤起。

此外,针对危机事件要提供给民众充足的信息保障和讨论空间,避免信息不透明与压制讨论的情况出现,这也是降低恐慌情绪唤起的有效措施。在公共危机事件发生的初期,相关部门要抓住时机,在短时间内迅速做出反应,尽可能地在公共领域中与专家学者、医疗人员及普通民众进行沟通,公开相关问题解决方案的讨论、形成与实施过程,从而有效地提高公众对于危机事件的了解度,缓解事件不确定性所带来的恐慌情绪。

(二)高效组织社会动员,提供足够社会支持

公共危机事件之所以容易造成公众恐慌,不仅是高发生率或高死亡率,还由于公众对自身在危机风险面前的高暴露度与低保障度之间反差的极度担忧,对个人利益可能受损又无法获得社会保障的极度焦虑。当公共危机事件在社会上快速蔓延时,政府反应的不尽如人意、社会救援行动的迟缓也会成为引发恐慌情绪的主要因素。

从理论上说,要想从根本上降低个体的恐慌唤起程度,就要在提高个体信息需求满足度的同时提高个体对于危机事件的认识。在公共危机事件爆发时,政府相关部门、媒体及社会各界组织应当承担相应责任,以社会动员的形式团结起来,尽可能多地给大众,尤其是受危机侵扰严重地区的民众提供社会支持,有效降低和消除他们的恐慌情绪,从而缓解恐慌情绪唤起所导致的认知障碍。值得注意的是,随着社会发展的进步与生活水平的提高,公众所需要的社会支持越来越不局限在物资方面的支持,更多的是要提供包括情感、信息、自尊、社会人际网络等在内的多方面、全方位的支持。在新冠肺炎疫情中,社交媒体上信息的传播、情感的交流、各地民众之间的团结协作与加油鼓劲,是对信息支持与情感支持等非物质支持的绝佳体现。

（三）提高媒介素养，消除情绪盲从

当公共危机事件爆发时，要从媒介传播和公众传播两个方面提高信息传播素养，保证媒介公共信息平台的安全性，减少非理性内容的传播，尽量使更多的人远离情绪盲从。公共危机事件相关信息的传播具有特殊性。首先，信息的传播范围广，受到危机事件影响的民众都会对相关信息格外关注。其次，信息的影响力度大，尤其是在真相尚不明确时，谣言很容易进入大众视野，并造成巨大影响。随着全民传播时代到来所带来的信息传播门槛的下降，政府相关部门要更加注意对信息真实性与有效性的监管，完善媒体问责机制，对于传播谣言的个人或群体实行相应的惩罚措施。

社交媒体时代，商业性自媒体受市场的影响较大，具有一定的趋利性，在公共危机事件爆发时，更倾向于传播高情绪唤起度的文章，用以吸引眼球，博取关注。对于公众个体来说，在面对公共危机事件时，也要提高自身媒介素养，理性识别信息中的事实性内容与情绪性内容，尽量不被高情绪唤起性内容所迷惑和干扰。对于社会救援机构来说，要能够识别大众处于认知障碍状态的表现，及时提供相应的信息救助，帮助其认知障碍的解除。

【思考题】

1. 如何认识情绪传播的生理属性？
2. 如何认识情绪传播的社会属性？
3. 情绪传播的短期社会影响是如何形成的？
4. 情绪传播的长期社会影响体现在哪些方面？
5. 恐慌情绪是如何引起认知障碍的，具体原因有哪些？

【推荐阅读书目】

[1] 许远理，熊承清. 情绪心理学的理论与应用 [M]. 北京：中国科学技术出版社，2011.

[2] 兰德尔·柯林斯. 互动仪式链 [M]. 林聚任，王鹏，宋丽君，译. 北京：商务印书馆，2012.

[3] 杨莉萍. 社会心理学经典研究 [M]. 2版. 南京：南京师范大学出版社，2019.

[4] 王小章. 中国社会心理学 [M]. 杭州：浙江大学出版社，2019.

[5] Nick Couldry, Andreas Hepp. The Mediated Construction of Reality [M]. Cambridge, UK: Polity, 2016.

第八讲

后现代主义视角下中国的媒介变革①

---
① 本节内容发表于《中国人民大学学报》2019年第4期,有改动。

第八讲 后现代主义视角下中国的媒介变革

当下中国的媒介文化表现出浓郁的后现代主义文化气息，即对现代性的三大基石——"理性""主体性""真理（知识）"的质疑和否定，突出表现为：摆脱"理性"的"媒介交往"、媒介中主体性的"矮化"和"消解"、解构"深度""宏大""真理（知识）"叙事的传媒变革、媒介革命背景下"国家—个人"对立关系的"消解"等。后现代主义从现代性的内部吸收养料和创造力量，以达到超越现代性和重建人类文化的目的。对当下中国的语境而言，后现代性的张扬，既是在探寻高于"现代性"的未来图景，也是在逆向要求"现代性"基础的夯实。后现代主义不仅给我们提供了一种认识社会的视角，也给我们从社会治理的角度展现了另一种视野。

后现代主义是 20 世纪 60 年代在西方开始出现的对现代主义进行反思的社会文化思潮，对现代性的种种弊病进行了反思和批判。值得注意的是，后现代主义虽然致力于彻底否定现代性，但现代性是后现代主义得以产生和发展的基础和前提。"后现代主义一方面与现代性对立，另一方面又渗透到现代性的内部去解构、消耗和吞噬它，从它那里吸收养料和创造力量，以达到超越现代性和重建人类文化的目的。"①

西方继 20 世纪 60 年代有关后现代的讨论之后，70、80 年代再次掀起对后现代的讨论高潮，主要表现为：一是"法国著名思想家让-弗·利奥塔与哈贝马斯展开了一场关于'现代性是否终结'的学术讨论"②；二是"后现代话语在各个领域迅速扩张，种种'后学'诞生，如后工业主义、后马克思主义"③；等等。中国自改革开放后，逐步与世界沟通和接轨，不可避免地受到后现代思想全球浪潮的影响。并且，由于中国当下既具有跟进的现代化建设，又出现与西方同周期的后现代主义的社会现象，两者的张力和冲突尤为明显。传媒业作为对于文化思潮最为敏感、通常集中于发达地区的行业，近年来表现出来的后现代主义特征更加突出。

西方世界自启蒙运动以来的现代性主要表现为三点，即凸显个人的主体性、坚持理性至上主义及对知识和科学的崇尚。④ 它终结了自中世纪以来教会及其神权统治带给人的束缚和控制，追求人的解放。然而，随着资本主义的发展，现代性走向了它的反面，主体性的扩大和膨胀带来人与自然的对立和脱离，对理性的极端强调剔除了人们日常生活的体验和情感，对知识、科学的崇尚使人们被规则所束缚，同时成为权力的规训对象。正如涂尔干所指出的，宗教经历了从"囊括一切、波及一切"⑤ 到"上帝退隐避居，把整个世界都交还给了人"⑥，"资本主义社会的到来只是削弱了传统宗教的力量，

---

① 高宣扬. 后现代论 [M]. 2 版. 北京：中国人民大学出版社，2016：11.
② 张从良. 从解构到建构：后现代思想和理论的系谱研究 [M]. 北京：社会科学文献出版社，2017：2.
③ 张从良. 从解构到建构：后现代思想和理论的系谱研究 [M]. 北京：社会科学文献出版社，2017：2.
④ 张世英. "后现代主义"对"现代性"的批判与超越 [J]. 北京大学学报（哲学社会科学版），2007（1）：43-48.
⑤ 埃米尔·涂尔干. 社会分工论 [M]. 渠敬东，译. 北京：生活·读书·新知三联书店，2000：95.
⑥ 埃米尔·涂尔干. 社会分工论 [M]. 渠敬东，译. 北京：生活·读书·新知三联书店，2000：130.

但同时创造了一种将个人神化的新宗教"①。后现代主义由此展开对现代性的批判。当下中国的传媒实践中表现出的后现代主义特征，与上述后现代主义否定现代主义的三个关键点尤为贴近，体现为媒介交往对"理性"的摆脱，媒介中主体性的"矮化"甚至"消失"，叙事上对"深度""宏大""真理（知识）"的解构，以及社交媒体场域中"国家—个人"对立关系"消解"的可能性，等等。从一定意义上讲，后现代主义不仅给我们提供了一种认识社会的视角，也给我们从社会治理的角度展现了另一种视野。需要指出的是，上述三者的关系绝非互相独立，而是相互联系、相互影响的。本讲从后现代主义的理论视角出发，并延展后现代主义的认识论，重新审视当下中国所发生的媒介变革。

第一节 摆脱"理性"的"媒介交往"

西方世界的"理性"观念最早可追溯到古希腊的柏拉图。朱光潜指出："依他（柏拉图——引者注）看我们所理解的客观现实世界并不是真实的世界，只有理式（理念）世界才是真实的世界，而客观现实世界只是理式世界的摹本。"② 在此，人们追求永恒不变的虚无的"超验世界"，对现实感知却置之不理。从某种意义上说，西方文明的基督教文化和西方理性文化都来自柏拉图上述的"理念论"。③ "理性"与"上帝"一样"永远正确"，当现实与理性或上帝发生冲突时，要做出让步的是人们的现实体验。所不同的是，相较而言，基督教的"神权体系"更加简单、模糊，而"理性主义"则更为复杂、隐蔽和精确，理性与权力、知识结合，建构起以逻辑中心主义为核心的现代性理论体系。

尼采则对否定现实世界丰富多彩的复杂多变的"理性"给予了批判，他认为逻辑是一种"因果化、抽象化、一元化和系统化的"④ 对世界进行把握的方式，而之所以"世界表现出了逻辑性，因为我们事前使世界逻辑化了"⑤，使得"几千年来凡经哲学家处理的一切都变成了概念的木乃伊，没有一件真实的东西活着逃出他们的手掌"⑥。尼采认为，只有作为一种审美现象，人生和世界才显得有充足理由，因此在艺术的追求上，他批判追求理性的日神——阿波罗精神；赞颂狂热、放纵、癫狂的酒神——狄奥尼

---

① 高宣扬. 后现代论 [M]. 2版. 北京：中国人民大学出版社，2016：117.
② 朱光潜. 西方美学史 [M]. 北京：人民文学出版社，1979：44.
③ 贾鲁华. 从虚无主义到新价值观念的确立：尼采的建构性思想探析 [J]. 文艺评论，2014（3）：26-31.
④ 马丁·海德格尔. 尼采十讲 [M]. 北京：中国言实出版社，2004：92.
⑤ 尼采. 权力意志：重估一切价值的尝试 [M]. 北京：商务印书馆，1991：240.
⑥ 尼采. 偶像的黄昏 [M]. 北京：光明日报出版社，1996：20.

索斯精神。

后现代主义者德里达说:"人们一直认为中心是独一无二的,然而它是矛盾的,它既在结构之中,又逸出结构之外。"① 即中心并非固定存在,而是在不同范围内不断置换。② 由此他解构了现代性的一元理性,追求差异、多元与变化。利奥塔也对启蒙运动以来对"普遍化"和"理想化"的追求进行了否定,一方面,他批判现代性形而上学通过逻辑对人的抽象化、简单化和理想化;另一方面,他延续胡塞尔和海德格尔的理论,强调生活的不确定性,反对一成不变的僵化。

后现代主义对逻辑、统一、确定、"理性"的否定对于新闻媒介的冲击无疑是巨大的。现代大众传媒强调客观、中立和"理性",这既是其工作基本原则,也是大众传媒存在合法性、权威性的前提和基础。只有在理性的框架之内,在遵循原则与一元思维的基础之上,其生产出来的新闻产品才能够得到一般意义上的认可,才会被其传播对象认定为真实,进而实现附加在其上的说服、劝服功能。脱离了理性框架,媒介也就不再能够保持其中心性,专业化媒介新闻信息产品,无论其产制多么成熟,在理性框架内看起来逻辑多么严密、合理,在后现代主义者和"后时代"的大众看来,不过是众多对问题审视的一种方式,是多元化、差异化声音当中的一种观点。从具体微观层面来看,从事新闻生产的新闻从业人员本身即带有深刻的文化烙印,有各自意识形态的立场,不可能达到绝对理性和客观公正,所谓的客观中立也不过是尽量保证生产出来的新闻信息做到"形式客观"而已,观点和立场都隐含在对事实的选取和安排上。问题关键在于新闻信息生产不能脱离人而存在,因此媒介呈现的永远都是现实世界的一个面向,展现一种立场。复杂的现实世界的全面呈现不能单单依靠简单逻辑化的新闻媒介,还需要更加多元化的补充,尤其是脱离出"理性"框架束缚的群体对世界认知新鲜视角的补充。当然,这对于将"理性"内化于自身而作为唯一生存法则的传统媒体而言是不可理喻的,因而在传统媒体的视野中,社交媒体的言论是不可理喻的,讨论缺乏"理性",往往"听风就是雨",表现出无限情绪、盲目扩大、任意的嘲讽和戏谑。殊不知,这才是世界本来的样子,充满复杂的观点和情感的交织,而现代主义者所追求的理想世界无疑是被简化、规制了的。

此外,后现代主义反对现代"理性"对人的情感的压抑、对真实世界枯燥的简化在当下媒介中也有生动的体现。例如,兴起于 21 世纪初的"真人秀"类节目。这类节目展示了人们日常生活丰富、多元的体验,做到了无论是对普通人还是对名人的立体化呈现,不再是枯燥的单维度塑造;在情感方面,既有节目内嘉宾的情感互动,又有节目外观众对节目内容的情感共鸣。此类节目不同于经过编排、按照逻辑主线反映人类宏大

---

① 刘放桐. 新编现代西方哲学 [M]. 北京: 人民出版社, 2000: 430.
② 唐冬冬, 李明. 后现代主义理论对转型期政治改革的启示 [J]. 内蒙古农业大学学报(社会科学版), 2013 (3): 4-7.

主题的影视剧，也不同于追求条理的新闻、谈话类节目，其所反映的就是人们日常生活的真实体验——平淡，甚至混杂，显示出被理性框制下的人们对丰富、多元、情感的呼唤。这种温和的反制形式以渗透的方式在现代理性框架内取得了合法地位，并且以超高收视率压倒其他类节目，实现了"理性"媒介内容的柔性反抗，它使得"理性"内容达不到受众一端，进而使"理性"在传播过程中消解、失效。又如，席卷全球的"后真相"现象，更深刻地诠释了当下社会中人们的后现代主义的倾向和思潮。在现代主义的刻板印象当中，"真相"是最为重要的，被视为新闻业的生命。而"后真相"现象极具嘲讽地否定了这一命题。它表现出人们对机械理性的否定，情感的作用时常超越了"理性"对人们行为的影响，而且表现为具有普遍意义的行为合理性。

第二节　媒介中主体性的"矮化"和"消解"

"主体性"也是启蒙运动的一大成果，它打破了自中世纪以来以"神"为主体、为中心的宗教统治，与"禁欲"主义相对，强调对"人"自我的回归，达成了对人性的解放。黑格尔说："只有通过我的自由思索，才能在我心中证实，才能向我证实……凡是应当在世界上起作用的、得到确认的东西，人一定要通过自己的思想去洞察。"[①] 有学者分析道："主体理性的无限夸大带来的恶果是人类不能承受之重，为了克服主体膨胀，主体就不能被看作是脱离了普遍法则和绝对精神的独立存在。"[②] "主体性"其实是一个一体两面的概念，它既强调人的自由主体权力，同时又强调对责任的承担。然而，随着现代社会的发展，以及资本主义无限的扩张性，"主体性"概念开始异化，具体表现为单方面对权力、自由、自我的追求，而忽略对社会义务、责任的承担。主体性由此走向了极端，开始强调对自然的征服，并将其作为人类主体性的表征。

于是后现代主义开始了对"主体性"的解构，它否定了自笛卡儿以来的主客二元论。在后现代主义框架里，不再有凌驾于外物之上的主体性，不再有所谓绝对"客观"的标准。[③] 后现代主义认为"人和他人、和自然相比，并没有更为特殊的地方，人没有理由获得对他人、对自然的统治权和占有权，人与自然是一个有机的整体"[④]。由此，他们提出了"关系中的自我"，将人置于与他人、自然等的关系当中。而在建设性后现代主义对"主体性"重建之时，哈贝马斯提出了"主体间性"，强调了"主体之间的相

---

① 黑格尔. 哲学史讲演录（第4卷）[M]. 北京：商务印书馆，1978：60.
② 杨乔乔，张连良. "主体性"的三次转向：从黑格尔、费尔巴哈到马克思 [J]. 求是学刊，2018 (6)：14-21.
③ 张从良. 从解构到建构：后现代思想和理论的系谱研究 [M]. 北京：社会科学文献出版社，2017：219.
④ 许晓平. 后现代视野中人的主体性的消解与重建 [J]. 北方论丛，2005 (3)：125-128.

互作用、相互对话、相互沟通和相互理解"①的重要性。

在工业革命以后所建立的现代体制下，大众传媒（当下语境中的"传统媒体"）在传授关系中居于"主导"地位，受众只不过是受摆布和接受影响的"原子"。在互联网出现之前，中国的传统媒体在传授关系中这种"主导地位"体现尤为明显，在大众传播的关系中，一切活动都是围绕着媒体展开的，传播的内容和效果基本上是由传统媒体所决定的，宣传模式是媒介主体性的典型体现。在民间话语的体系中，"上了新闻（报纸、电视）"一度也成为某个人或某个单位特别具有"政治仪式感"的事情。

传统媒体对主导地位、垄断地位的追求，实际上是人的极端主体性的体现，即社会精英阶层单方面对权力、利益的追求，而逐渐忽视公共性和社会责任，并认为在"规则"内的媒体对舆论的作用是无所不能的，媒体成为"建制化"的传声筒。社会中的大人物，如政界、商界、学界领袖，成为传统媒介的宠儿，"人"似乎是自然界和"人"自身世界的绝对主宰。然而伴随着互联网媒介的发展，媒介中的主体性一直被"矮化"，直至被"消解"。从网页新闻，人们在评论中表达自己的观点，甚至戏谑、反讽，媒介中的主体性开始逐步"矮化"；到博客和微博、微信兴起之后，"媒介"的高大形象首先被"消解"，人们只会说"某某人"说了什么，而不会表达为在"新浪微博"或"腾讯微博"上说了什么。微信、微博实质上只是人们发布信息的技术平台，媒介的话语垄断地位和权威性已在"发言者身份"的确认中悄然"消解"了。甚至"什么是新闻""什么是新闻媒介"也成为一个模糊不清、无关重要的问题了。这也是对"权威"规则的进一步解构。

媒介中主体性的"矮化"也是一个逐步的过程。传统媒体、门户网站体现出的主体性非常突出，进入博客阶段，仍然是"大人物"有主体话语，而微博、微信的流行，使得话语主体的迁移深入最基层的"小人物"，形成一种离散性的主体，而在公共事件的讨论中，甚至是"消失的主体"，人人都是旁观者，人人又都是参与者。如曾经在中国异常活跃的BBS，由于"群主"的权力太大，主体性体现太过明显，其走向衰落似乎是必然的。相对而言，微信"群主"除了能"拉人"和"踢人"之外，没有更多的发言权，在微信群当中体现的是"多主体"之间的互动沟通，乱而有序，实现了消除绝对主客体基础上的"交往互动"关系主体的再建构。

媒介"主体性"的丧失曾一度使"精英"阶层异常恐慌。先是对"网络匿名性"的担忧，这种担忧甚至延续到立法的层面，而在传统思维模式下并没有真正解决问题的症结。无数的网民仍然在各种意见流之间穿梭，迸发、演变出各种观点和情绪，甚至是"不负责任"的，然而其"主体"却是缺席的。人人都是主体，人人又都不是主体，在"围观"和"质疑"之中产生了强大的颠覆效果。后现代主义主张差异和多元，反对话

---

① 徐健，徐瑞. 后现代主义解读：主体性的消亡与重建：兼论主体间性与认知 [J]. 社会科学家，2009（9）：129-131.

语霸权,从而颠覆中心性主体。但后现代思潮并不是要真正否定人和人的主体性,而是要否定那种体现支配关系的占有主体性和以自我为中心的专横性主体。

在社交媒体网状的传播关系中,话题的内容不在乎是"谁"说的,也不在乎被谁"听"到。在关系网的语境下,通过"互文"体现内容的价值和诉求。所有的文本都具有多种含义,而不是只有一种含义,这些含义也并不是固定地存在于文本之中,而是通过"文本之间的相互联系"体现出来。① 这种"互文"除了在认知方法论上存在之外,在当下中国的社交媒体场域中,文本意义的解读也是如此。在社交媒体中,表达者之间的"关系"是构成群落最重要的因素之一。"关系"以外意味着不具有共同语境而会被排斥,他们相互之间交流的"语言"对"关系"以外的人而言也是难以理解的。因此,不断更新的"网络语言"是在通过排斥"关系"以外的他人而彰显群内个体的独特性、自我存在感,更是消除"中心主义"、抵抗"一致化""传统媒介主体性"的一种反叛。

第三节 解构"深度""宏大""真理(知识)"叙事的传媒变革

现代社会依据理性中心主义原则建构和发展,其中"真理(知识)"又是其建构理性体系的核心手段,因此解构现代性必然要指向对"真理(知识)"的解构。后现代主义者敏锐地注意到这一点,"一方面现代科学知识和技术同资本主义现代性发展的紧密关系,另一面也看到了现代科学技术的发展为现代性的解构提供了条件"②。科学知识既推动社会的发展,又与权力结合,成为统治阶层规训的手段。对此,福柯就意识到,"知识问题不只是属于人的纯粹认识活动,也不仅仅为了达到认识客观对象的真理而已,而是为各个历史时代掌握权力的统治者所控制,并为统治者服务"③。首先,"真理(知识)"服务于其所处的社会运行系统,真理问题的争论不仅是科学观念的争论,也是社会意识形态的分歧。其次,知识塑造一系列标准与规则,符合即正确,否则就会被排斥,为统治者追求同一、统一打下良好基础,方便其对社会成员的管理和规训。最后,"真理(知识)"的生产、确立过程同时也是社会型构与阶层确立过程,通过对"真理(知识)"的定义,社会区分出了知识生产者与知识接受者及不同的社会阶层,为统治者的权力垄断提供了必要便利条件。④ 这就形成了贝尔所讲的现代性社会特有的"科技专制"。

---

① 刘永涛. 后现代主义与后现代国际关系:一个基本考察[J]. 世界经济与政治,2005(7):36-42.
② 高宣扬. 后现代论[M]. 2版. 北京:中国人民大学出版社,2016:144.
③ 高宣扬. 后现代论[M]. 2版. 北京:中国人民大学出版社,2016:289.
④ 高宣扬. 后现代论[M]. 2版. 北京:中国人民大学出版社,2016:289-290.

由此，在叙事层面，后现代主义者首先表现出对装点"真理（知识）"的"深度"和"宏大"概念的解构。福柯强调："所谓深刻意义、内在本质、终极解释云云都是历史的虚构，人们对于事物的探索不能离开其表面，表层比所谓的深层更有价值，一切深奥的东西都在表层。"① 这里的表层是指客观现实，客观现实的背后不存在更加深奥的规律和意涵，对"现实"深度提炼的过程，实质上是知识阶层附加权力的过程，脱离了事物的本来面目。此外，作为后现代主义学者的利奥塔"怀疑宏大叙事"，原因在于"宏大叙事之所以'宏大'或说'超元'，乃是因为它设定游戏规则，它说了算，因而它是排他的、单一的、极权的"②。宏大叙事总是试图勾勒普遍性的指导原则，并论证其合理性，如此一来则排斥了边缘意见，因此后现代主义提倡"微观叙述"，反对代表中心化的"宏大"叙事。

在传媒实践当中，英国脱欧和美国大选特朗普上台两大事件直接冲击了媒体人以往对于"真理"的认知，让其陷入"后真相"的恐慌。"后真相"一词在2016年一跃成为各大媒体最流行的词汇之一③，其使用频度较以往增长了2000%，虽然这对于一向倡导以"真实"为生命的新闻媒介是无法接受的。然而，无论西方还是中国当下都正在经历这样的变革。人们认为媒体信息与权力、资本相结合，丧失了原有的公信力，因而转向诉诸自我感受。

甚至传统媒体曾一度引以为荣的"深度报道"也在互联网的语境中被"消解"。"深度报道"几乎是许多老牌媒体人仅剩的优越感，然而这种荣誉也正在被解构。从2015年开始，很多传统媒体的深度报道部门也开始纷纷撤销，根本原因还是在于传播模式的变革。首先，传播的生态从"独家的深度"走向了"众说的深度"。开放式的社交媒体吸引了大量的用户参与事件的讨论中，对于社会事件的认识往往可以在讨论中达到更深入的水平。尽管最初的消息不一定全面或客观，甚至存在偏差，但是开放平台上的信息多向流动使其有着强大的指向真相的功能，有利于真实图景的迅速拼接。"众说"的过程以更加丰富和多元化的事实和观点掩盖了传统媒体的"独家深度"。其次，从"居高临下的说教"走向了"平等参与的讨论"。④ 大众传播自兴起之初就天然地带有精英主义色彩，传统媒体在"深度报道"中往往不自觉地扮演着说服者的角色。然而在社交媒体上，受众同时也是信息的发布者，所有人可以平等参与讨论。地位上的对等，使"说服者"的角色正在被解构。事实上，传统媒体的"深度报道"主要体现在"把关人"对于新闻事件的解读上，更多展现了媒体的态度和价值观，是一种"他把关"的阅读，读者处于被"喂养"的阅读状态，而在后现代主义背景下，读者正在从

---

① 张从良. 从解构到建构：后现代思想和理论的系谱研究［M］. 北京：社会科学文献出版社，2017：110.
② 胡全生. 关于后现代主义政治［J］. 当代外国文学，2012（4）：5-15.
③ 蓝江. 后真相时代意味着客观性的终结吗？［J］. 探索与争鸣，2017（4）：10-13.
④ 赵云泽，黄圣淳. 当下已被解放的"深度"［J］. 青年记者，2015（4）：9-10.

这种状态下逃离。

在叙事层面,社交媒体的"微观叙事"方式则在摧枯拉朽地颠覆着传统媒体的"宏大叙事"。"政治正确"的宏大叙事正在被碎片化的信息、生活化的叙事所瓦解,从传统意义的"理性""革命""斗争"视角都很难解释。这种叙事革命从网络媒介的内容变革开始蔓延,直至几近摧毁整个传统媒体的行业。人们对传统媒体宏大叙事是冷漠的,甚至是反讽的、抵抗的,这种冷漠甚至不关乎政治观点,也不关乎媒体是否专业。而社交媒体的碎片化信息、生活化叙事却渐成为媒介话语的主流。

以上的叙述方式充斥在社交媒体中,这样的叙述方式有其消极的一面,尤其对于中国这样还没有彻底完成"现代化"进程的国家而言,旧的任务尚未完成的情况下,又增加新的矛盾。所以,当下中国面临较为复杂的治理逻辑,不论是人们的思想、素质,还是社会发展程度,都是发达和不发达交织在一起,"前现代""现代""后现代"三者交织在一起。而社会进化的逻辑是,激进的总会覆盖保守的。"后现代性"是在"现代性"基础之上的发展。在媒体的叙事风格上,不同的历史时期,人们的诉求是不一样的。当民族存亡的压迫尚未解除之时,强调"集体""团结""一致"等话语是媒介话语的主流。各国推翻封建制度的革命也都在不同程度上经历过政党报刊的时期。即使现代政治制度确立,当一国出现集体性的安全威胁时,往往"宏大叙事"的需求也会立即凸显。然而,当现代性发展成熟之时,个人对于生活状态便有了更高层次的追求,即开始从"集体"的解放开始转移到更加在乎"个体""自我"的解放,这也是社会进步的一个表现。

第四节 媒介革命背景下"国家—个人"对立关系的"消解"

德里达认为,国家权力与个人权利之间的主客体二元对抗在很长一段时间内仍然是国家、社会中政治上的根本矛盾。从柏拉图到卢梭,从笛卡儿到胡塞尔的整个西方历史都把对立的二元设想为一种以一方统治另一方的关系,对于德里达而言,这样的一种结构是带有从属性的、暴力性的。[①] 而且正如利奥塔所评价的,这种结构体系本身带有着"社会整体化的危险"[②]。由此,后现代主义针对主客二元对立的矛盾,提出应追求两者关系的平等、多元与交往。

值得注意的是,后现代所主张的、向往的未来辐射出了明显的东方维度。罗蒂的后

---

① 常士. 解构主义多元政治论研究 [J]. 政治学研究,1998(3):84—91.
② 让-弗朗索瓦·利奥塔. 后现代状况:关于知识的报告 [M]. 岛子,译. 长沙:湖南美术出版社,1996:58.

现代文化观念与中国传统文化中的大人文观念就极为相似，因为在中国传统文化中，科学、哲学、史学和文学处于一种纵横交错的融合状态，诸多科学领域之间不存在严格的学科分界，不存在等级差异，各学科之间可以相互启迪、相互作用，处于一种和谐状态。[①] 还有学者认为，"后现代主义者推崇古代中国老子和庄子的生活哲学"[②]，对内自我反思，对外灵活应对复杂的生活变换。从本质上来讲，后现代不过是对现代性极端强调主体、理性、科学造成的对人的压抑的一种反抗，"过犹不及"的现实转而让其寻找一种适度的和谐关系，包括人与自我的和谐、人与他人的和谐、人与自然的和谐、人与社会环境的和谐等。这为特有"和"文化的中国，提供了一个解决"后现代"解构一切问题的视角和思路。

针对后现代思潮在媒介领域的亢奋表现，从社会治理的视角出发，也并非无路可寻，关键是认识到"国家—个人"对立关系走向"消解"、话语权走向平等的历史趋势。从纸质版《人民日报》到网络媒介"人民网""人民日报微博"，再到"人民日报微信公众号""人民日报新闻客户端"，主流价值观的内容越来越受欢迎，而且有效覆盖面越来越大，可谓在全球传统传媒业衰落的背景下一个成功的探索。《人民日报》纸质版发行量在历史上最高的时候不到 600 万份，而"人民日报微博"平台粉丝总数达 9 200 万人，"人民日报新闻客户端"累计下载量超过 1.7 亿次，"人民日报微信公众号"粉丝总数超过 1 000 万人。而且这种新媒体粉丝量的增长完全是一种自愿的订阅。以往对纸版内容的戏谑、反讽和冷漠也在"人民日报微信公众号"不见踪迹。而"人民日报微信公众号"也不乏正能量的内容，类似《这张巡警的"累瘫照"走红，微信好友潮水般走来》[③] 这样的文章，并没有遭到反讽和解构，而是以一种"要给他介绍女朋友"的诙谐方式表达认可。"好人好事"回归到了社会原本的意义之上。相较于传统媒体"说什么都不对""怎么说都不对"的尴尬，人民日报社交媒体版成功地实现了转型。从纸质版《人民日报》到社交媒体的"人民日报微信公众号"和"人民日报手机新闻客户端"，体现出后现代语境下媒介的两个转变：一是叙事风格的转变，从"宏大叙事"转变为生活化的叙事；二是话语权的转场，从高高在上的机关报姿态，回到人民之中，完成了"平民化转变"。这就使得以往凸显"国家—个人"之间的紧张关系得到改善，所谓"两个舆论场"的尴尬也在"消解"。媒介在对关系的调整、权力的调节，强调以平等姿态的交流，追求媒介与用户之间的和谐关系方面取得了成功。

积极的后现代主义提出一种新的可能性，"国家的结构"可以转向为一种更为稳定的结构，消弭"国家—个人"的二元对立关系，由国家对个人的治理范式，转向个人同个人的治理范式。至少在媒介话语权上，消除了先天性的"背景特权"。当然这一切

---

① 季婧. 理查德·罗蒂新实用主义真理观探析 [D]. 哈尔滨：哈尔滨师范大学，2010.
② 高宣扬. 后现代论 [M]. 2 版. 北京：中国人民大学出版社，2016：84.
③ 这张巡警的"累瘫照"走红，微信好友潮水般走来. [2020-04-20]. https://mp.weixin.qq.com.

又建立在现代性的"法治""平等"观念之上。每个个体发言者在保证平等的基础上，实现多元存在，并在此基础上，回归对人的最终解放的探索。因此，对当下中国的语境而言，后现代性的张扬既是在探寻高于"现代性"的未来图景，也是在逆向要求"现代性"基础的夯实。

结语

后现代主义自20世纪60年代在哲学范畴内开始兴起，引发了西方世界的广泛讨论，到80年代已经开始辐射各个领域，包括政治、经济、文化、科学等。如今后现代已经融入了我们对现实世界的思考体系，成为我们对当下进行反思的一个十分重要的视角。后现代主义虽然表现出了种种对"现代性"、颠覆性的否定和打击，但它并不是洪水猛兽，它是对现代性社会发展而浮现出来的种种弊端、矛盾与危机的一次诊治。虽然后现代主义最初表现得过于激进，以毁灭性的攻势企图击垮整个现代社会体系，但随着其内部的调整，后现代主义在指出当下问题的同时也呈现出建设性的向度，时下所广泛传播的正是建设性的后现代主义。后现代对"理性""主体性""真理（知识）"的反对也是基于这些理念极端化发展带给人的束缚与压制。因此，诸多后现代主义流派指向了对中国传统文化的向往，追求平等对话的人与人之间关系的和谐，从而不断实现社会的自我超越，建设出更加符合人类生存发展的文化氛围。

从传媒业来讲，当下科技发展所带来的变革是双面性的，一方面，媒介技术更加发达，可运用的手段更加多样化，传播所受到的时空限制越来越少；另一方面，就在处于繁荣信息场域与技术环境中的传媒人想以"自我本位"进一步扩大影响力，发挥现代社会所赋予的各种功能之时，却猛然发现其信息已经传播无效。媒介在现代社会的熏染之下，信息不再单纯，它们与权力、资本相结合，成为对民众施加隐形影响的工具。因此，当下与其说是媒体权力的下放和地位的下移，不如说是对其信息渠道属性的一种回归。中国传媒行业也只有建立在平等、重新调整与用户关系（包括主体间关系和权力关系等）的基础之上，才能再次适应当下传播环境的变革，实现各主体对于传媒正当功能的期待。

【思考题】

1. 什么是后现代主义思潮？
2. 引发后现代主义思潮的社会原因是什么？
3. 后现代主义思潮在新闻传播领域的表现有哪些？
4. 新技术如何与后现代主义思潮耦合从而影响新闻传播格局？

【推荐阅读书目】

[1] 高宣扬. 后现代论 [M]. 2版. 北京：中国人民大学出版社，2016.

[2] 齐格蒙特·鲍曼. 流动的现代性 [M]. 欧阳景根，译. 北京：中国人民大学出版社，2018.

[3] 让-弗朗索瓦·利奥塔. 后现代状况：关于知识的报告 [M]. 岛子，译. 长沙：湖南美术出版社，1996.

[4] 埃米尔·涂尔干. 社会分工论 [M]. 渠敬东，译. 北京：生活·读书·新知三联书店，2000.

[5] 张从良. 从解构到建构：后现代思想和理论的系谱研究 [M]. 北京：社会科学文献出版社，2017.

[6] 让·鲍德里亚. 消费社会 [M]. 刘富成，全志钢，译. 南京：南京大学出版社，2014.

[7] 安东尼·吉登斯. 现代性的后果 [M]. 田禾，译. 南京：译林出版社，2011.

[8] 凯瑟琳·海勒. 我们何以成为后人类：文学、信息科学和控制论中的虚拟身体 [M]. 刘宇清，译. 北京：北京大学出版社，2017.

第九讲

社交媒体内容创作盈利模式

平台经济的大环境下，社交媒体不断升级，出现了一些覆盖超广业务种类、超高经济体量的大型平台、超级平台。在这些大型信息聚类社交媒体平台中，特别是内容信息为主要供给品的平台里，基于内容和信息分发的盈利模式也变得尤为多样，为内容创作者的变现提供了多种可能。

根据内容创作者变现的来源，我们可以将盈利模式分为来自平台的激励类奖励、来自商业第三方的合作类收益，以及来自内容消费者的购买类营收。不同种类的盈利模式都随着内容社交媒体平台的发展而变化，它们紧密地与平台的内容呈现变化相结合。从传统的 BBS，再到后来的短视频和直播行业，我们将根据盈利的达成路径和内容商业特性规律来尝试解剖社交媒体盈利的架构体系，探索基于内容和社交而生的新商业逻辑。

目前，主流社交媒体平台已经形成了较为成熟的社交媒体商业模式，根据盈利手段的差异，我们大体可以将其分为内容创作付费、品牌宣传收益和以带货或在线广告为主的推荐变现三大类。

第一节　内容创作付费

内容创作付费一直是内容创作者极力追求和探索的商业模式。社交媒体平台的发展，让基于社交网络的新型内容与消费者的链接成为可能，也在逐步改变内容消费的方式，打造新的内容付费商业模式。基于社交媒体的内容付费商业模式允许消费者和作者直接沟通，一对多、多对一的双向选择传播在平台的内容分发算法加持下更为健全，消费者可以通过简单的点击、阅读、分享、点赞等基本互动完成内容消费，甚至通过评论等方式带来内容的二次分发和创作。由此而来，作者的营收也就可以在这些互动和二次接触中完成，让内容变现更加多元且高效，成为赋能内容创作的社交生态升级的重要力量。

目前，能够让内容创作者直接盈利的内容变现渠道包括：来自平台对创作者的奖励和激励类收入、基于打赏的内容收益和基于专业的收益。

▶▶ 一、来自平台对创作者的奖励和激励类收入

对于平台来说，优质的创作者和内容不仅能够保障内容生态的丰富性和全面性，也是平台吸引更多创作者、内容消费者、品牌方的重要依凭。为此，各大内容社交媒体都在积极吸引优质创作者，通过带动优质内容的生产和高黏性社区的搭建，形成社区内的双赢甚至多赢。

（一）活动收益

活动收益是创作者收益中较为多见的，主要呈现为周期性或者阶段性收益。这种活动主要是基于平台对某种类型内容积极推广、广泛征纳的整体策略，通过向优质内容创作者征集创作，平台鼓励创作者加大创作量，并为此向内容创作者付费或提供激励性收益。

例如，此前快手针对知识类创作者提出的快手新知播项目。2021年6月24日，快手新知播项目启动，旨在加速知识普惠落地。通过组织直播科普和知识互动的形式，专家和学者们在直播间与快手生态中的各垂类头部创作者一起讨论科普知识，既能寓教于乐，又能推动权威声音的扩散。而专家、学者和相关创作者在活动中，不仅收获了用户粉丝量的增长，也有机会与官方合作，扩大自身影响力，获得广告商业合作，以及平台扶持的流量和现金奖励，实现变现路径的多元化。

同时，抖音、微博、B站等头部社交媒体平台也结合业务发展策略推出了相似的项目，针对知识类、生活类等内容优质、积极向上的创作方向发出创作邀约。值得注意的是，创作者激励性活动具有很强的区域性、阶段性等特点，往往面对的创作者类型有限，对内容质量有较高要求，平台和消费者对优质内容的持续发布有期待，同时会对内容导向有规定和指导。为此，内容创作者在选择参与的激励性活动时，需要仔细了解参与活动的要求和完成任务的规范，确定活动收益的分发形式，并结合自身内容偏好和创作能力进行发掘和尝试，切忌"贪多嚼不烂"。

（二）扶持收益

扶持收益，也可以被称为平台的持续性激励收益。这种类型的收益往往是平台针对新加入平台的内容创作者或者是持续发布且具有较高潜力的内容创作者而发放的。但是，由于不同平台的价值取向、商业逻辑和平台发展规划存在差异，这种扶持收益的发放量和方式也会有所不同。

例如，西瓜视频作为字节跳动体系下中视频内容的核心产品，一直致力于打造丰富性更强、内容生态更健全的平台产品。为此，该平台专门推出中视频创作计划，并联合抖音、今日头条等多家平台，鼓励用户发布原创横屏视频（时长≥1分钟），同时以西瓜、抖音、今日头条三家平台的创作推流助力作为奖励，让用户所创作的内容更容易被看到。此外，基于视频的分发情况和传播数据，平台还会给予一定报酬，让内容创作者有信心和意愿加大创作量，优化创作作品。

短视频社交媒体平台以快手为例，也推出了光合创作者计划。据悉，在光合创作者计划中，快手针对创作者需求，在资源、产品等层面提供了各类服务，投入现金超过10亿元，以及千亿级别的流量，补贴创作者从新手到成熟的全生命周期。这种全覆盖的扶持奖励机制，是助力内容创作者持续成长、持续创作的良好尝试，也是内容创作者可以去尝试探索的合作类型。2022年，该计划升级为光合优创成长计划，目前仅对站内高价值作者开放，精细化管理和优质内容筛选机制也会逐步在扶持收益的盈利模式中显现。

作为主要的知识传播社交媒体平台，知乎在 2020 年发布了视频创作者招募计划，向全国招募科普人文、电竞游戏、科技数码等领域的创作者，入选者可以获得流量曝光、现金激励机制、创作收益和津贴等扶持。由此可见，平台扶持计划是较为广泛使用的激励机制，也是创作者可以去寻求变现方式的主要途径之一。

值得一提的是，在为内容创作者配置扶持激励机制的同时，平台还会对特别有潜力和大 V 创作者进行辅导、培训和教育。通过账号运营的多种渠道与内容创作人取得联系，并不断分析社交媒体传播规律、最新案例和内容涉及方案，平台方会向优质的、合作密切的创作者提供内容创作的指导，让创作者能够把握市场变化，更好地打造优质内容。

（三）签约收益

对于创作能力特别强、影响力比较大、内容较为优质的创作者，平台会以签约的形式形成合作，从而让创作者也能有"稳定收入"。随着新媒体运营师等社交媒体新职业的普及，以及国内相关专业教育的系统化，平台与内容创作者之间的合作模式也会不断丰富。

2020 年，为绑定优质头部创作者，B 站启动了高能联盟计划，按照 B 站对外透露的信息来看，该联盟系与长期在 B 站上分享自制优质内容的 UP 主的一种深度合作形式，且联盟的参与是邀约制，只有受到高能联盟邀请才可以参加。据悉，高能联盟的参与者要求粉丝量在 50 万人以上，且相关认证会根据具体情况发生变化。此后，B 站也陆续推出了百大 UP 主、知名 UP 主认证等形式。虽然这些认证不一定会直接转化为现金收入，但是也会通过流量扶持等多种助力，为创作者带来间接经济效益。

目前，签约收益的模式在网络小说创作平台中较为常见，抖音、快手、小红书等平台暂未明确发布针对单一创作者的签约计划。不过，虽然这些平台直接签约单一作者的情况较少，但也不乏与自媒体或者 MCN 合作的模式。

在以李子柒为例的自媒体签约内容生产研究中，就有学者[1]提出以微博为代表的社交媒体平台上，优质的内容生产是核心，同时未来签约自媒体的发展离不开各种专业团队的支持。因此，目前主流内容社交平台的签约要求中，都对专业性制定了更高的规定，签约公会和 MCN 公司的模式是更为常见的内容创作者签约盈利的方式。

一方面，通过与 MCN 公司签约，内容创作者可以获得 MCN 公司的扶持和收益，一些 MCN 公司还会有内容创作的指导、设计，以及后续商业化的规划等服务。但同时，MCN 公司也会对创作者的创作质量、速率和产量提出要求，督促创作者不断完善创作，提高内容质量。

---

[1] 董璐. 浅论微博签约自媒体的内容生产：以美食视频博主"李子柒"为例[J]. 新闻研究导刊，2017，8(23)：84-85.

另一方面，MCN 公司会寻求与平台的合作，在合作中获得额外的收益，这种收益包含收入分成上的优势、流量扶持上的协助和内容策略制定上的引导，进而更好地服务内容创作者进行生产创作。

（四）订阅收益

创作者订阅收益的模式在传统中长视频平台中较为常见，在国内的模式可以追溯到 A 站时期。订阅盈利模式主要是指创作者受到用户订阅而获得的收益。订阅后，用户将持续收到创作者更新内容的通知，部分订阅服务需要用户向平台或者创作者支付费用。随着视频平台的多样化，"订阅 + 打赏"的模式已经成为重度内容社区为创作者提供的常见变现手段，并在以资讯为主的内容社区中开始尝试。

二、基于打赏的内容收益

随着短视频和直播行业的发展，以打赏为内容付费的创作者盈利模式开始走热，也引起了学界的关注，关于直播打赏收益的讨论亦有部分关注到打赏的心理动机和吸引力原则。首先，基于依恋理论，有学者[1]认为创作者/主播本身的人格魅力，即可信度和吸引力会引起用户的情绪依恋，从而强化用户打赏的意图。其次，直播场景的娱乐性也可以强化用户的体验。最后，用户对于直播环境的感受也会强化他们对于主播的情感共识和依恋。同时，也有学者[2]尝试用社会存在理论和社会寄生虫关系来对打赏行为的机理进行解释，并提出社会存在性是影响创作者和消费者之间关系的关键，同时两者之间的享受、忠诚和信任的体验都有助于强化打赏的意图。

结合部分研究结果和目前较为常见的内容打赏类型，本书将内容付费的形式区分为基于才艺表演的付费、基于娱乐的付费和基于共情的付费。

一般来说，创作者在展示的过程中，如果内容得到用户青睐，会有用户主动打赏，打赏金额会首先流向平台。平台对打赏行为的合法性进行评估后，将协助创作者进行提款，多数平台还会为创作者提供缴纳个人所得税的指导。

（一）基于才艺表演的付费

演唱、弹奏、歌舞等泛艺术方向的内容是基于才艺表演的内容付费最常见的方向之一，创作者通过具有特色的演绎，营造出能够吸引内容消费者的个人品牌，从而赢得用户的打赏和支持，让消费者为内容和创意买单。

例如，快手达人李雨儿，凭借《雨花石》的一曲高音，在央视《星光大道》上崭

---

[1] Li, Y., & Peng, Y. What drives gift-giving intention in live streaming? The perspectives of emotional attachment and flow experience [J]. International Journal of Human-Computer Interaction, 2021, 37 (14): 1317–1329.

[2] Lin, L. C. S. Virtual gift donation on live streaming apps: the moderating effect of social presence [J]. Communication Research and Practice, 2021, 7 (2): 173–188.

露头角，逐渐进入大众的视野。作为中国歌剧舞剧院的青年歌手，李雨儿凭借超强歌唱功底及民族化的音乐风格，在快手开启了高速涨粉之路，粉丝量达到443.1万人，并持续获得消费者打赏（图9-1）。除了利用音乐打动粉丝之外，李雨儿还以演唱会的形式打造能量型"朋友圈"，在音乐的场子里进一步"造势""聚人"。从最初的"满月演唱会""百天演唱会"，到"一周年演唱会"，李雨儿的影响力逐渐扩大，在获得经济收益的同时，也已经逐渐形成了一个以李雨儿为核心的连接点，包含石焱、许海霞等近200人在内的一批风格各异的音乐人的能量聚合场，这个聚合场所能带来的打赏类收益是持续且可观的。虽然公开信息无法核实各方打赏收益的数目，但是我们可以知道的是李雨儿模式是目前音乐主播变现的渠道之一。

图 9-1　音乐创作者李雨儿的快手视频截图

当然，多数基于才艺表演的盈利模式往往不是单一的。除了通过表演变现之外，李雨儿还在探索"音乐+电商"的变现路径。李雨儿"一周年6·13演唱会"带货专场总直播5小时，商品交易总额达到847万元，体现了基于才艺表演和深度社交建立的粉丝信任长期积累、反复获利的成果。

（二）基于娱乐的付费

泛娱乐内容是目前内容消费平台的主流付费内容，它们不局限于竞技和明星类，还对内容创作者与消费者的互动提出了更高的需求。从21世纪10年代的游戏直播，到后来的语言谈话类内容，消费者在与优质内容互动的过程中，可以获得愉悦和放松，并对相关内容形成"好玩"的评价。

网络微短剧是十分经典且相对成熟的一种娱乐付费类型的创作者盈利模式。2020

年年末,国家广电总局在备案系统新增"网络微短剧"板块,将其定义为"单集不超过10分钟的网络剧",从而将微短剧正式纳入视频剧集赛道。因为制作门槛较低,配合短时强人设、跌宕起伏的剧情故事,以及平台的巨大流量生态,网络微短剧迅速占领了平台内容池。

快手、抖音平台相继推出大量优质自制短剧。快手推出"星芒计划",宣布打造1 000部独家精品剧;抖音推出"短剧新番计划",低门槛扶持新人,推动短剧大批量生产。2022年7月29日,在快手光合创作者大会上,快手剧情与二次元业务负责人宣布,将全面升级快手短剧分账扶持政策,在原有S+/S/A的基础上,新增激励成长模式P(千次有效播放分账5元)。与此同时,网络微短剧的商业营收模式也进一步拓展,由原本的平台剧集采买模式,逐步发展为集平台分账、付费观看、商业植入(品牌营销)、IP盈利、直播带货等多种形式于一体的商业闭环,内容作者的盈利模式愈加多样化。

例如,古风爽剧女主角御儿,就通过多部古风短剧,吸引了1 700多万名粉丝。除了付费播放的老本行短剧之外,御儿还做起了直播,不仅收获了用户打赏收益,也得到了商家和广告主的青睐,完成了商业化变现机制的搭建。

游戏主播是目前社交媒体平台,特别是基于短视频和直播内容的平台的重要盈利模式之一。游戏本身的娱乐性和相关内容的竞技性,给内容创作带来了丰富的可能性和空间。根据艾瑞咨询的《2020年中国游戏直播行业研究报告》[1]显示,2020年中国独立游戏直播行业市场规模已经突破了300亿,用户规模达到3.5亿人。该行业中,内容提供方越发多样,以职业选手、公会主播、个人主播为主的PUGC内容提供方和以电竞赛事制作、娱乐综艺制作为主的PGC内容提供方供给了几乎所有内容,而游戏公司、消费者、玩家、广告公司、电竞平台等成为这个商业模式中的主要付费方。随着电子竞技行业的规模化和规范化,游戏主播的盈利模式也向着多元化方向发展。

(三) 基于共情的付费

后真相时代的到来,让情绪的影响力和价值有了显著的增长,甚至在一定程度超越了真相本身。而后真相时代的内容付费也具有情绪传播的鲜明特点,基于共情的内容付费就是基于情绪共鸣和情感互动所产生的内容消费,这种消费的黏性较高,是新社交媒体平台中内容付费的重要来源。

通过分析1 450场直播数据,有学者发现更快乐的主播和更有经验的主播能够提高观看者的互动意愿,从而最大化主播收益。[2] 因此,通过强化本身的积极情绪,并传递更具有情绪影响力的内容,有助于提升传播效果、用户互动,甚至可以带来打赏收入的

---

[1] 艾瑞咨询. 2020年中国游戏直播行业研究报告 [EB/OL]. [2021-08-03]. https://pdf.dfcfw.com/pdf/H3_AP202008041396357706_1.pdf? 1596563736000.pdf.

[2] Lin, Y., Yao, D., & Chen, X. Happiness begets money: emotion and engagement in live streaming [J]. Journal of Marketing Research, 2021, 58 (3): 417–438.

增长。

主持人袁哲早年因主持黑龙江电视台相亲节目《相亲相爱》被大众所熟知，被大家赋予"第一红娘"的美称。入驻快手后，袁哲借助10余年婚恋节目制作经验，顺势将相亲形式搬进网络直播，每天都会在快手进行相亲直播。通过借用各种有趣的相亲模式、趣味横生的相亲故事、与观看者的实时互动，袁哲将受众牢牢"锁定"在直播间内。通过言语互动，现场观众进行打分、选择，直播间的粉丝们感受到了参与感，这充分满足了观赏大众的情绪价值。许多相亲成功的对象，袁哲还会持续跟进与关注，让粉丝们见证的故事"有头有尾"。袁哲在快手平台的粉丝数一路增长至680万人，月活粉丝数高达83.69%，日常直播间观看人数超30万人，这为其带来了稳定的可持续收益。

三、基于专业的收益

此外，在专业性内容不断增多的情况下，专业化、知识化的内容营销所能获得收益边界也是更广的。除却传统的打赏收益和平台激励收入之外，专业咨询也是内容社交媒体上创作者主要收入来源之一。几类公众需求较大、用户需求较为明确的专业咨询收入方向，它们的共同点都是利用社交媒体突破时空壁垒的特性，让需要专业知识的用户能够更加便捷地找到知识获取的渠道，而知识和信息的提供者可以根据信息的交易来换取收入。但是，值得注意的是，由于多数咨询类服务涉及用户隐私，许多咨询服务难以在线上完成，或者在平台中直接完成，往往需要更长链路的运营和营销。

（一）法律咨询

在抖音、快手、B站、小红书、视频号等平台上，一批律师、普法类主播正在增多。在抖音上搜"律师"，会出现150名左右通过职业认证的律师和几十家律师事务所，超过百万粉丝的律师有数十位，有的甚至成为有千万粉丝的"网红"达人。在普法之外，律师们获得了更多的曝光和展示自己的机会，也为自己带来了盈利收入。律师类主播为粉丝答疑的方式主要通过直播互动，只要有手机，即使身处偏远地区的农民也有机会与专业律师直接对话。通过这种方式，平日里"稀缺"的律师资源也能变得触手可及且容易识别。目前很多律师都在提供免费的直播咨询答疑，免费答疑获得的客源、案源可以引导成为后续专业咨询服务的客户资源。

比如广州诺臣律师事务所的宋静律师，平日专攻土地争议行民交叉方向的诉讼和非诉业务，每周三和周六晚上会直播1小时答疑，她表示有相当数量的咨询者都是来自偏僻的农村地区。有做婚姻家庭纠纷的律师会收到大量的咨询私信，但一提到收费就没了下文。也有律师在新冠肺炎疫情紧张时回复粉丝"隔离期太长老板开除自己怎么办"，仅仅3天就引来100多个预约咨询。

在多数情况下，由于法律业务的特殊性，用户需要更长的时间与律师建立信任，宋静就曾表示，即使免费，有的客户来咨询前也已经关注了她大半年。还有律师通过收费答疑、卖课、卖书等方式获取收益,更有粉丝量达到一定体量的律师成了带货达人。

(二)学业咨询

学业咨询是很多教育领域创作者的常见变现方式。很多学科和技能类的老师、达人、培训机构通过社交媒体发布视频、图文等,吸引有共同兴趣和需求的学员。比较典型且热门的领域就是关于高考的志愿填报,2022年高考期间,知乎"高考志愿"相关类目下的问题总数达767万个,相关检索词搜索量为1.97亿次,内容浏览量为25.2亿次。

一些"网红考研名师"也看中了这条赛道,他们摇身一变成为高考志愿规划师,销售高考志愿填报课程,为学生做升学规划咨询。国家在进行新高考改革的同时,要求在高中阶段一定要开展好学生的职业生涯规划,最好是让学生在填报志愿的时候,甚至在填报志愿之前就了解好各个专业,以及各行各业的发展情况。

目前直播对于招生来说,转化路径最短,相当于免费给学员上了一节体验课,用户觉得老师讲得好,马上可以进入店铺下单。因此,名师做直播,对店铺有重要的引流作用。

(三)心理咨询

心理健康问题的"病耻感"常使人们羞于去医院就诊,这就使其就诊动机得不到及时满足,而便捷的互联网医院心理咨询服务可以帮助更多人缓解内心不良的情绪。目前心理类账号比较热门的内容有两种:自我人格和两性婚姻。自我人格方面涉猎的选题又包括个人性格、情感需求、原生家庭、心理压力,以及以这些内容为原点而导致的躯体症状(如失眠)等。

通过社交媒体的内容积累与传播,壹心理成为国内头部的心理类账号,其中80%的心理咨询来自线上渠道,而线上服务比线下费用降低50%以上,每个线上用户平均预约咨询师4.5次。用户用真金白银证明了线上心理咨询的方式和效果,很好地解答了通常认为线上咨询不如线下面对面咨询的疑虑。

壹心理主流用户为18~35岁的年轻人,其中70%为女性,40%身处北上广深。婚恋感情和职场,是困扰他们最多的问题。围绕这些需求,壹心理还开发了课程、测评、咨询、FM和电商五大产品服务。社交媒体和心理咨询业务的结合,可以让专业性的内容付费和咨询收益变得更加多样化。

(四)课程收益(类比国外的Udemy等)

截至2021年6月,抖音上万粉以上知识类创作者超过32万人,发布的知识视频超过1.5亿条。而在《2021快手内容生态半年报》中显示,在快手平台科普和泛知识类视频趁势崛起,在时长超过60秒的短视频中,法律、科学、财经等知识类短视频的数量增长最快,快手上的国家级非遗代表性项目覆盖率高达97.9%。

电影《百鸟朝凤》的幕后唢呐演奏者陈力宝，是中央民族乐团青年吹管乐演奏家，中国音乐学院唢呐专业艺术硕士，首位受邀美国纽约 Modern Sky 音乐节的国乐人。他会在直播时给粉丝讲解唢呐知识、回复粉丝的各种问题，如曲子吹奏时需要注意的要点与吹奏技巧。他的零基础唢呐课极大地降低了粉丝的学习门槛，购买他课程的人上至72岁高龄的老人，下至10岁左右的小学生，有大学生、音乐老师、企业老板，也有公交车司机、农民等。据快手官方此前公布的数据，陈力宝靠教唢呐在快手课堂上的收入超过40万元。

相比于传统知识付费类平台推出的课程，社交媒体的课程实用性、碎片性等特征更加显著，比如"鸽子的红眼病护理""婚礼意外状况处理""象棋仙人指路布局讲解"这样非常生活化、大众化的实用类课程，成为短视频直播平台知识付费榜单上的畅销品类。

（五）线下商演等其他收益

线下商演等收益常见于因短视频和直播带来的人气走红的副产品，常见于歌手、脱口秀演员、专家、学者等本身带有社会头衔的知名人士，较少适用于素人网红。

比较典型的案例是脱口秀演员，北京脱口秀演员付航没有签约任何公司和俱乐部，单纯凭借互联网这一巨大的流量池，由线上反哺线下，由短视频直播的影响力带动自身在线下的演出收益。2019年因为行业不景气，他开始在互联网平台上传自己的整场演出视频。一开始同行劝阻他，一旦段子在网上传播，就没有人愿意花钱去线下看演出了。付航说："我也不想传，但我实在是没有地方演出了，才在网上传视频。"

就在这种线上会抢夺线下流量的担心下，付航的脱口秀视频渐渐火了起来，在网上走红的第一个月，付航的演出机会就陡然增加，最多的时候一天演四场，一场30分钟，周末他会到100座的剧场演出。由于票难抢，黄牛把票价炒高到几百元。

而在整个脱口秀行业中，2020年7月《脱口秀大会》第三季的播出，捧红了李雪琴、杨笠等一批具有商业价值的脱口秀演员，并又一次将脱口秀带上了话题讨论的高潮。据笑果文化粗略统计，2020年10月至2021年7月，全国的脱口秀演出票房将近1.2亿元，正式参与过商演的脱口秀演员已经超过了500人。据媒体报道，呼兰、庞博等艺人没出名之前票价只有30元。《脱口秀大会》第二季结束后票价是100多元，然后一直涨，如今480元、580元都成了正常价格。

第二节 品牌宣传收益

20世纪末期，在互联网革命的到来之前，高海伯提出了注意力经济的传媒经济学概念，他认为随着互联网成为我们即将赖以生存的居所，现有的经济学规律也将在这全新的空间里复用。而社交媒体作为虚拟空间中的信息集散地，也成了注意力经济中的重要部分，成为品牌宣传、市场营销的关键阵地。企业、机构和社会组织都在通过社交媒体去重塑自身的品牌价值，并通过品牌宣传，为企业换取直接或间接的盈利。这种盈利正如瓦迪克道尔所说的，"品牌（宣传）的作用是将注意力商品化，是当今经济价值的主要创造者"[①]。

一般来说，不同于其他营利手段和形式，以品牌宣传为目标的社交媒体运营更偏向于利用社交媒体助力主体业务的扩张和升级。多数机构在进行品牌宣传的时候会有比较明确的目标和方向，而这样的目标和方向往往与公司业务开展的方向、行业情况、战略需求有紧密关系。例如，耐克公司在各大社交网络持续发布新内容，在满足社会存在感（social presence）的前提下，不仅加强了品牌在消费者视域中的曝光度，也可以在热点事件营销和持续宣传的过程中不断优化品牌形象，打造一个更为坚实且开阔的消费者群体圈层。但是，对于一家还在创业期的企业来说，社交媒体的宣传和互动更多的是对于品牌形象的营造和优化消费者们对于品牌的认识，也就是企业家常说的"认识品牌""了解品牌""接触品牌"，通过品牌塑造为后续的商业发展提供更好的舆论和市场基础。

根据品牌宣传目的的不同，本节对其商业模式进行了分类，主要可以分为感知提升与概念营销、借势营销与社群运营、IP打造和内容品牌盈利、潜在消费者运营四种。

▶▶ 一、感知提升与概念营销

学界对于社交媒体营销在品牌形象（brand image）打造和品牌认知（brand awareness）提升上的价值已有丰富的讨论，有研究证明社交媒体品牌社区的互动有助于提升购买意愿，且用户生产内容（UGC，User-generated Content）比营销生产内容（MGC，Marketer-generated Content）的影响效果更好。[②] 目前，内容社交平台是UGC内

---

① Doyle, W. Brand Communication and the Attention Economy [C] //Doyle, W., & Roda, C. Communication in the Era of Attention Scarcity. Palgrave Pivot, Cham, 2019: 49–61.
② Goh, K. Y., Heng, C. S., & Lin, Z. Social media brand community and consumer behavior: quantifying the relative impact of user- and marketer-generated content [J]. Information Systems Research, 2013, 24 (1): 88–107.

容最集中的平台,也自然成为 UGC 营销和品牌宣传的关键板块。

为激发用户的创作、分享和互动,品牌方着力于为品牌打造一个具有分享性、讨论度的议题,这些议题因其独特的视角和价值取向能够获得消费者的自发关注,从而迅速将品牌与商家所要传递的价值概念紧密联系,用概念获取关注,用关注提升品牌在消费者群体中的知名度和美誉度。

海底捞的社交媒体运营就是一个较为典型的品牌宣传和感知提升的案例。海底捞选择突出优质服务作为其品牌营销和社交感知的核心概念,为此,海底捞将"服务好"的概念拆解和细分,融入适合社交媒体传播的节点中,充分利用信息扩散的裂变能力。例如,为了体现海底捞服务员热情、高效、迅速的特点,品牌方联动诸多探店博主以"探访""挑战""尝试"等具有故事性和强互动性的方式,来记录和展现海底捞服务员随时观察到客户细小的需求,如"不让消费者自己倒水"。同时,通过在知乎、微博、微信等内容平台发布讨论,在抖音、快手、小红书发布探店视频,海底捞的立体化传播对目标受众进行多渠道影响,让消费者感觉在某一时段内,舆论场中都是夸赞海底捞服务热情、贴心的内容,从而快速塑造用户心智。另外,海底捞为每一位过生日的客户都提供了单独的祝福和服务,而这一服务也随着有影响力的创作者的助推,被打上了温馨、好玩的标签,从而获得广泛的用户感知。相关内容在抖音、快手等多个平台播放量都破亿,再加上各类重要内容创作者的助推,内容互动量较大,传播长尾效应显现(图 9-2)。

图 9-2　海底捞生日营销活动快手、抖音话题截图

▶▶ 二、借势营销与社群运营

借势营销（piggyback marketing）是新媒体时代的重要品牌宣传和营销方案。通过将品牌特性与时下新闻热点、舆论焦点相结合，可以迅速为自己赢得舆论关注度，并在关注度聚集的环境下，去传递创作者或品牌方想传递的核心思想和内容，从而达到品牌营销的目的。学界和商界关于借势营销的经验较为丰富，在社交媒体上的使用则需要更为聚焦且明确的方式，确定好宣传的目的和节奏，避免过度营销产生反作用。

相比传统企业营销借媒体宣传广而告之的方式，新媒体时代，企业更懂得借平台之势达到全域曝光的效果。其中，河南暴雨—鸿星尔克等国货爆火就是典型案例。2021年7月21日，河南持续暴雨，连续亏损的国货企业鸿星尔克捐款5 000万元物资，引爆互联网，同时爆发大批网友援助国产品牌，包括鸿星尔克、贵人鸟、汇源、蜜雪冰城等品牌一夜间成为备受网友们追捧的热门话题。7月22日，话题"鸿星尔克的微博评论好心酸"就登上微博热搜，同时淘宝和抖音上鸿星尔克的销售量均破1 000万。7月23日凌晨，总裁吴荣照现身直播间，引导网友理性消费，创造热门话题"野性消费"。截至7月27日，相关话题播放量达到11亿次，快手和淘宝也同步开启直播，使得该品牌的相关内容和播放量持续飙升（图9-3、图9-4）。

图9-3　鸿星尔克官方旗舰店各平台截图

第九讲　社交媒体内容创作盈利模式

图 9-4　鸿星尔克借势营销获得网友好评和良好销售结果

此外，社交媒体的算法推荐和内容消费者本身的选择性信息接触，让创作者有机会在内容发布的过程中，创建属于自己的圈层和社区，这也是互联网运营者所说的吸引私域流量。随着个人品牌和商业圈层的建立，更具活力和黏性的社交互动可以给品牌方和商家带来更多元的商业机会。这种商业机会可以是直接的商业销售机会，也可以是间接的商业合作机会。

以小米在快手平台的账号运营为例，作为第一位进驻快手的国产智能手机知名品牌，小米用"交朋友的方式"卖货，沉淀"米粉"私域流量池，拥有极强的爆发力与可持续发展的潜力。值得一提的是，小米中国区首席总裁卢伟冰以"脱口秀节目+直播间"的方式亲自下场快手直播间，用强人设的方式凸显出私域流量的强黏性，直播间商品交易总额达 2.46 亿元，直播房间收看人次超 3 093 万人，当日快手直播电商榜排名第一，也创造出小米场均直播带货成交量的新纪录。在这之后，小米快手直播间也开启了常态化直播，使得小米逐渐拥有了高达 380 万名的铁杆"米粉儿"（图 9-5）。

图 9-5　小米通过持续运营沉淀"米粉儿"圈层而获得盈利

▶▶ 三、IP 打造和内容品牌盈利

在传统的 IP 和品牌打造中,由于缺乏即时的互动性和内容的创新力,类似迪斯尼的经典 IP 营销往往需要很长的时间周期。随着社交媒体对内容信息分发的加速,高效的信息接触也带来了 IP 和品牌的迅速形成。根据社交媒体 IP 运营的模式,我们可以基本概括出三个特点:强互动、发展快、侵权风险大。

强互动是基于社交媒体平台本身提供的即时沟通和深度社交的特点,让创作者们发布的具有自身/品牌特性的内容能够被快速感知、识别和升级。在用户、潜在消费者和广泛公众与品牌的即时交流中,公开透明的双向平等传播,让创作者们能够和内容消费者一道重新定义 IP 和品牌,让 IP 具备更多消费者们喜欢、接受且重视的特点。由此而来,可以为 IP 本身带来更好的生命活力和用户黏性。

发展快是社交媒体作为信息扩散主要阵地带来的优势。当 IP 内容产品在社交媒体上找到恰当的消费群体,随着快速的分享、讨论,内容可以像细胞繁殖一般扩散到各个地方,从而让大家接触到它,并让可以被打动的用户与之形成链接。而内容推荐算法的加成,也让这种链接在后续的持续接触和内容曝光中得到加强,使得品牌和 IP 可以在短时间内产生比较显著的影响力。

但是流量向优质内容集中,会带来更多的优质创作,也会带来优质 IP 的知识产权被侵权风险。在一个内容产品获得舆论认可后,同类内容的复刻、改版、修饰的内容都会陆续出现。因此，为保护自身 IP 的独特性，避免 IP 盈利价值被盗用、冒用，不仅需要社交媒体平台的积极作为，也需要创作者做好内容保护。

作为星座娱乐第一大 IP，全网拥有 6 000 万 + 粉丝，"同道大叔"以星座特质为内涵，通过活泼幽默萌系的画风创作出 12 星座的卡通形象，它们与"同道大叔"共同组成了"同道天团 TD12"。

而"同道大叔"的内容商业蓝图可以从起内容矩阵开始介绍。"同道大叔"的多元化内容包括微博 MCN 内容矩阵、微信 MCN 内容矩阵、原创漫画、原创短视频、微综艺《你好明星》和《星座爱搞杀》、情感深度内容"七小姨""开朗青年""秃头理发店"及更多时尚内容。在这些内容中，"同道大叔"不断重复、渲染、强调其 IP 属性较强的形象，从而在消费者心目中留下一个品牌 IP 的概念。随后，在与实景娱乐 LBE 合作方面，"同道大叔"携手海昌海洋主题公园，在全国九地的海昌公园共同打造"极地冰雪节"主题狂欢节日，"同道大叔"及星座天团快闪点落地园内，互动打卡。以"同道客栈"为创作主轴，打造"IP+展陈+沉浸式互动+实景演绎+剧本杀"模式的沙盒式互娱活动。除跨次元 IP"同道客栈"之外，"同道大叔"旗下还有元老级 IP"同道天团 TD12"、母婴治愈系 IP"同道萌团 TDbaby"、产品 IP 国风神仙 CP"阿运和阿摇"。此外，"同道大叔"还独家代理了优质国漫 IP"虎墩小镖师"。"虎墩小镖师"已经成为微软虚拟数字人合作伙伴和少林寺童子功代言人。

目前，"同道大叔"已经搭建起一套完善的 IP 运营管理体系，其商业模式以 IP 为核心，集合 IP 授权、IP 衍生、IP 电商、IP 广告四大业务板块协同发展，通过大量的品牌授权、联名案例，在食品、快消、3C、酒店、餐饮、玩具、家居等领域积累了丰富的经验。

基于以上案例，我们可以发现，优质的 IP 运营可以为创作者带来的收益是非常多元的，除了本身基于 IP 使用、租借或出售带来的高额收益之外，也会带来许多商业合作、拓展的机会，包括品牌方的深度合作、产品带货、商品推介、科普讲解、专业咨询等多方需求，从而形成较为完善的 IP 商业化运营模式。

▶▶ 四、潜在消费者运营

在传统的店铺经营体系中，流量、客户访问率、到店人数等指标都是非常关键的商业运营因素，甚至能直接影响盈利收益的效率。为了获取这样的商业要素的提升，商家和店主常常使用"吆喝"的方式来赢取潜在消费者的关注。当我们将大型社交媒体平台看作一个人声鼎沸的广场，在关注力经济的视域下，如何通过运营行为达成关注度私有化和影响力升级就是企业主获取潜在消费者的途径，也是品牌宣传和商业体系建设的重要部分。

值得注意的是，在通过社交媒体运营完成潜在消费者的吸引过程中，我们需要注意内容运营的合法性。基于欺骗、虚假传播或者恶意营销带来的关注都是应该被杜绝的，同时不正当竞争的引流、导流行为也会给社交媒体关注的公平、自由和消费者安全使用APP带来危险。

第三节　推荐盈利：带货和在线广告（第三八）

对于达人和内容创作者，通过推荐或者协助推荐产品达成销售是较为广泛使用的变现模式，根据业务的部门划分或呈现形式区别，人们往往将推荐业务细分为广告和电商。但是，从本质上看，通过推荐获利都是商家或广告主借助达人的影响力、专业性和对目标受众的吸引力，将商品的营销信息推广向特定的消费者群体，从而达到促进购买、强化品牌认知、获取营销线索等目的。对于内容创作者而言，主要需要完成的任务都可以统称为"推荐"。

在国外社交媒体营销研究的视野里，这些内容可以被模糊化地归纳为广告的一种——社交媒体意见领袖广告（social media influencer marketing）。布朗在关于影响力营销的论述中，明确指出了这种营销模式的核心依旧是关注度与客户，而非意见领袖或内容创作者本人。① 由此可见，完成推荐的商业模式，需要能够将创作者置于关键位置，成为商家/品牌方与目标受众的桥梁，并在其中抽取相应的"佣金"。

一、在线广告

目前，基本上所有社交媒体平台都允许甚至鼓励内容创作者承接广告，商业广告既能够给内容创作者带来大额收益，也是平台经营营收的主要来源之一，部分内容社交平台的营收中超过五成来自在线广告。2021年，谷歌母公司的在线营销收入更是高达1 489亿美元，占其总收入的八成。

因此，在线广告中，首要的类型是平台广告。多数成熟的社交媒体平台，都已经建立了较为完备的平台广告中心，如腾讯推出的广点通、快手推出的磁力引擎、抖音推出的巨量引擎等。社交媒体平台依托本身的红人资源和对于站内流量分配的优势，可以更好地将广告分发到更多的内容消费者面前。同时，开通广告功能的内容创作者，可以在平台上接到品牌方提出的广告需求，或者以贴片广告、信息流广告等多种广告形式自行链接进入平台中，从而产生基于作品流量和广告点击量带来的营收。

---

① Brown, D., & Fiorella, S. Influence Marketing: How to Create, Manage, and Measure Brand Influencers in Social Media Marketing [M]. Que Publishing, 2013：56.

同时，当内容创作者在所处的行业拥有了一定影响力后，也会吸引品牌方的关注，从而获得广告投放和品牌合作。以萌宠类作者为例，多数"出名的"萌宠都因其可爱的外形或者独特的能力而获得关注，如滑滑板的斗牛犬、唱歌的柯尔鸭等。当这些萌宠出圈之后，与宠物相关的厂商和品牌也就随之而来，社交媒体用户会自发询问关于萌宠喂养、训练、照顾的建议，或者会更具体地问询到"买什么狗粮""买什么样的猫薄荷"等。基于此，一方面，内容创作者可以通过主动联系相关品牌方，或者通过第三方等获得品牌方的许可进行营销并商定抽成；另一方面，获得影响力或者因内容特殊性获得认可的创作者也会碰到主动寻求合作的品牌方，从而进行全面的广告商业合作。

此外，如果内容创作者本身的内容质量较高、运营成果较好，也会受到品牌方的青睐，从而吸引品牌方或广告主进行投资，并将品牌的官方账号交由其团队进行代运营，内容创作者可以在代运营业务中收取服务费或者抽成。

▶▶ 二、电商带货

通过电商带货完成内容变现或者创作变现是现在比较普遍的商业运作模式，可以分为商家带货和达人带货两种。商家带货主要是指产品的生产方或者品牌方在运营社交媒体账号的过程中，开通电商服务向消费者直接宣传其公司所涉及的产品；达人带货是指商家通过与社交媒体平台上较有影响力的内容创作者合作，让创作者在作品发布或者直播活动中对产品进行宣传，从而达到销售产品的目的。在达人带货的过程中，达人可以通过抽取佣金或者收取广告费用来完成盈利。目前，国内主流的内容带货平台包括抖音、淘宝、快手、小红书等，主要带货模式以直播带货为主，直播带货逐步成为冲击传统电子商务销售模式新方案。

其中，品牌带货和商家带货是目前各大主流直播带货品牌正在推进的方向，从源头好货到品牌营销，从兴趣电商到厂家直销，基于高互动性的内容电商带货模式是品牌方打造品牌形象，同时推广产品、促进销售的手段之一。

而达人带货方面，由于涉及的主体较多、链路较长，存在的盈利模式也相对更加多样化。一是可以通过达人（创作者）自选品来进行带货，在这种模式中，达人（创作者）自己沟通品牌方去寻求带货，并对货品的供应链和质量进行把关，然后通过短视频或直播来获得盈利。这种方案对于创作者本身的专业性和人力需求较高，创作者主要的盈利来自抽佣本身。

二是商家与内容创作者深入合作，双方通过深度绑定，让创作者成为该商家的代言人，或创作者账号成为该商家的重要销售渠道，或将商家账号提供给创作者进行宣传和带货，从而形成商家和创作者的双赢。收益来源主要是根据商家和达人协议而定。

三是内容发布带货，这种营销模式从创作者维度及公众维度来看，都和在线广告中的广告主投放较为相似，主要是商家通过下单的方式让内容创作者推广相关商品，创作者在其中以商单获利的形式获取收入。

四是直播带货。在直播带货这一特殊形式中，延伸出了许多不同的模式，包括专场带货、联合带货等。根据带货形式的不同，内容创作者向商家抽取不同的佣金或者固定的底金。同时，商家也会在带货中植入自身的品牌宣传，或者进行引流等行为，从而换取在商品销售之外的，品牌方官方社交媒体账号的知名度提升、粉丝量增长、用户社区构建、品牌宣传等多种收益。

但是出于内容安全、广告审核和消费者权利保障等原因，平台会在一定程度上限制私单的投放，同时鼓励通过官方渠道或者 MCN 渠道承接广告，以此保证广告的质量和效果。

三、匹配和筛选

在广告和带货的商业方案中，我们可以发现整体核心主体包括商家（含广告主）、达人（创作者）和平台。通过提供影响力、有价值的内容、分销渠道和信息流通平台，达人（创作者）和平台向商家提供了基于商业需求的资源和方案。一般来说，我们可以将这种盈利模式路径归纳为商家—内容创作者—消费者，其中平台提供整体路径上的内容分发和算法推荐基础、内容合规保障、商业推广的消费者资源。在这个链路中，我们归纳了推荐的两个主要环节：一个是匹配和筛选，另一个是推荐与触达。通过这两个阶段，该路径中的主体被链接在一起，并形成了内容创作、分享和后续营运的基础。

匹配和筛选阶段也可以称为推荐的后台环节，在这个环节中，商家和广告主找到合适的内容创作者为自己的品牌、产品进行推荐，同时内容创作者也可以选择与自己调性、偏好和期待一致的商家来体现自己的品位、影响力，并获得可观的收益。

随着社交媒体的快速发展和扩张，现在的主流社交媒体平台已经拥有了数十个大的内容分类，细分的运营方向更是多达上百个。以快手为例，根据 2019 年人民网报道的数据，快手 2019 年达人榜单中覆盖了 25 大垂类，包括美食、体育、旅行、宠物、幽默、时尚、美妆、汽车等①；根据新榜对小红书 2021 年用户涨粉的分析，高涨粉的内容创作者可以归纳为 21 类，囊括美食、穿搭打扮、美妆、兴趣爱好等②。

在如此多元复杂的垂类分层下，商家如何找到合适的垂类达人，并触达自己希望寻找到的消费者是重要的环节，且商家往往需要整合多垂类的创作者共同发力，才能达到立体化广告营销、全面触达目标受众的效果。以零食的营销为例，除了应该在美食垂类的达人中进行宣传之外，还会选择探店达人、运动达人、旅行达人进行推荐，因为此类

---

① 王蔚. 五大综合榜，25 大垂类榜快手发布 2019 年度达人榜单 [Z]. 中国经济网. [2020-01-01]. http://tech.ce.cn/news/202001/01/t20200101_34027123.shtml.

② 张洁. 点赞过 110 万！涨粉过 120 万！深度盘点 2021 小红书爆款 [Z]. 新榜. [2020-03-08] https://baijiahao.baidu.com/s?id=1722813853034239023&wfr=spider&for=pc.

达人所接触的目标受众多为年轻群体，他们具有探索精神且愿意尝试潮流新事物，他们很可能成为新品类零食的潜在消费者，也是这些商家希望触达的核心人群。

而从内容创作者的角度出发，由于内容创作者不仅要对自己的内容和雇主负责，还要对自己的受众群体负责，内容创作者需要保持自己的人格调性，保证自己推荐的品牌和产品质量过硬且符合自己的粉丝群体的期待。在此前的传播案例中，我们不乏看到有的达人推荐不符合消费者群体自身消费能力的产品，从而产生因广告或者带货行为出现"人设崩塌"等情况，导致自己的影响力和粉丝体量流失，带来难以挽回的声誉损失。因此，在匹配和筛选阶段，契合度是一个非常值得关注的因素。

同时，对于使用达人自营模式的内容创作者来说，寻找可靠的合作品牌并对品牌进行筛选和鉴定是比较困难的事情，个人与企业的沟通不畅，产生了商家和达人之间的结构性错位。基于契合度和商业投资收益比的诉求，延伸出了一批专门为商家、广告和达人提供匹配、验证、沟通和合作促成服务的第三方机构，我们可以称之为中间人机构。一般来说，这些中间人机构包括社交媒体平台、MCN 公司、商业化企业、公关广告公司等，它们通过汇总分析达人的形象特色、内容特点、目标受众群体、传播效果和历史广告或带货成果，向商家提供选择合适达人的渠道。同时，达人也可以通过此类平台和中间机构，对于即将投放的广告或进行商品推荐的品牌和公司有深入了解。此外，中间人机构往往还承担了一部分商家和达人合法性检验、匹配筛选、内容制作的工作，从而大幅度减少双方合作的困难度，让合适的商家找到合适的推荐人。

（一）中间人机构

根据中间人机构的不同，我们还可以对其进行进一步的分类，但是由于该行业更新快速，我们不妨以几家比较典型的中间人机构作为案例，以识别其运营模式和商业逻辑。

首先，以 GroupM 等为代表的具有信息集成、媒介购买、公关宣传能力的商业企业是多数大企业选择品牌和营销渠道的首选。由于在广告内容、整合营销、媒介购买方面的资源优势，这些企业将来自平台和内容创作者的信息进行汇总、分类和梳理，并根据客户投放和销售效果进行定点、定向、定期释放，成为品牌主和平台内容创作者之间的桥梁。但是由于此类机构的初衷是销售营销创意和能力，因此与策略绑定的资源分布是其选择品牌和内容创作者的主要方针。而且对于普通内容创作者而言，也很难获得此类机构的关注，因此这并不是多数内容创作者会选择沟通的广告订单来源。

其次，网红孵化中心，又名全渠道网红经纪公司 MCN，也是中间人机构业务的重要从业机构。由于网红孵化中心的特殊性，它们先天拥有了丰富的网红培养、指导和教育能力，一方面，网红孵化中心能够为客户和平台提供优质的内容创作者；另一方面，也可以通过精细化运营让内容创作者可以拥有筛选平台和客户的资源和机会，从而促成双方甚至三方的有效合作。而且由于 MCN 公司和平台、商家有密切联系，它们可以不断提高"网红推荐"服务的销售营收,从而在达到提升内容创作者收益的同时,提升内容质量、用户黏性和品牌关注度。但是由于该行业还处于发展初期阶段,如何规范化运转,从而保持内容创作者的创意独立性和规范收益合理分配还是一个值得探索和讨论的领域。

最后,有部分具有数据汇总分析能力的第三方公司,在与内容创作者充分合作的情况下,会对内容创作者涉及广告营销和媒介购买的信息进行汇总,帮助商家和广告主更精准且合理地选取合适的达人。这类型公司的功能与此前所述的公关广告公司略有相似,但它们更多的能力是集中于提供即时的、可参考的、多元的信息,并不直接提供营销策略和方案,因此我们将之称为"达人数据平台"。达人数据平台对于中小型主播和中小型传播项目的资源对接和拟合具有成本低、便捷高效、精准快速的特点。

根据公开的达人数据平台提供的数据进行对比,我们可以发现商家或广告主经常关注的达人数据包括三种:一是基本信息,包括账号内容类别、账号粉丝量级、账号粉丝群体大致特点、账号营销方式和偏好等;二是历史营销数据,包括近期带货数据、近期广告效果数据、近期订单情况等;三是内容信息,包括近期内容传播效果、近期活跃度、粉丝互动意向等。随着主播、博主、博客等职业的专业化,此后会提出更加具体且专业的营销要求,也需要内容创作者以更强的专业精神去运营内容产品。

此外,多数平台企业会通过共建或者独立设立的模式搭建属于自己的商业化广告投放平台。在这个平台上,广告的买方可以清晰地看到卖方的方向性特点和潜在宣传价值,并通过合法、合规的数据分析和呈现,方便广告投放企业能够快速了解内容创作者,并通过具备官方背书的合作平台和模式,获得商家的投放和创作者的支持,促进该项合作的合规合法推进。

(二) 推荐的原则

基于社交媒体开展的电商带货、广告营销等行为拥有更强的影响力和传播属性,相较传统的影响方式来说,在高互动性的社交媒体上,推荐能够带来的是人们认知和行为的直接影响,甚至存在一定的"舆情煽动能力"。对此,平台媒体对于推荐的内容、行为、方案提出了一系列原则,从而杜绝以次充好、虚假宣传的产品借以社交媒体平台流入市场,也因此产生了对于"推荐"行为的一些原则和规范。

1. 合法原则(TOG)

推荐行为的合法性是保证货品能否上架、销售能否产生效果、推荐内容能否被看到的关键因素。《广告法》《电子商务法》《网络安全法》等都是基于内容和社交进行商业化推荐行为需要特别注意的原则性法律规定,针对其中比较关键的几个合法、合规方向,我们在此进行专门解释。

(1) 禁止使用"最"的描述

根据《广告法》规定,广告内容中不得使用"国家级""最高级""最佳"等用语。同时，对于这种词汇的规范化使用也在不断拓展，"第一次""首个"等也逐渐成为被禁止的词汇。内容创作者在对广告内容进行设计的时候，需要有意避免违规使用夸张描述、最高级描述等内容，以免陷入虚假宣传等风险。

（2）不得未经许可推荐医疗、药品、医疗器械、保健食品

随着公共健康、医疗、生命科技等业态的线上化，越来越多具有互联网基因的健康类服务出现，也带来了健康医疗方向的广告内容。但是由于内容社交媒体平台尚未完全实现实名认证，虚假健康宣传和医疗广告也成为风险。为了保证消费者的人身安全，避免因为虚假广告和不当引导带来个人或公共健康问题，国家对医疗设施、健康药品的广告管理和资质审核较为严格，不允许不具备相关资质的人进行推广。同类的许可要求，也在不断推向财经创作者等，专业化和职业化的内容创作者之路正在搭建。

（3）不建议邀请未成年人进行商品、服务的推荐

未成年人广告推荐对涉事未成年人隐私保护和成长有着诸多的负面影响，同时也是对于未成年人合法权益的侵犯。随着《未成年人保护法》《个人信息保护法》《关于规范网络直播打赏加强未成年人保护的意见》等法律法规的更新和出版，儿童网红形象被禁止使用和推广。为了贯彻践行未成年人保护的相关法律法规和推动未成年人保护的落地，目前各大平台对于利用未成年人形象进行商品和服务推荐，有较为严苛的规定。因此，在进行广告推荐前，内容创作者需要谨慎选用内容方案。

此外，随着社交媒体上广告、带货行为越发多样，由此产生的有损于消费者权益、危害网络安全、破坏消费市场的风险也存在多样性和复杂性，相关领域的法律法规要求需要从业人员结合经营行为进行专门分析和判断，从根源上保证推荐行为在法律法规范围内合理推进。

2. 真实原则（反诈）

信息的真实性是保证信息传播效率和成果的重要因素。在社交媒体时代，维持信息的真实可信，有利于维护个人品牌和提升推荐内容扩散效果。同时，由于社交媒体上海量信息的冲击，导致信息真伪的辨识难度提高，而给予内容创作者和社交关系产生的推荐又往往会对产品的优点进行扩大，导致消费者的不信任和焦虑情况的加剧。在这种情况下，一旦出现所推荐宣传的内容与事实不符的情况，消费者很容易出现负面舆情，甚至推荐者需要根据有关法律法规承担民事甚至刑事责任，损害内容创作者所建立的粉丝生态和商业环境。因此，始终保持"真诚""靠谱"的形象，不仅仅是道德基本要求，更有利于获取消费者信任，从而提高自己的推荐效能和用户黏性。

3. 契合原则（TOC）

在以推荐为目的的信息发布中，为了获取更高的点击量、互动率、下单量等数值，内容创作者会探索通过热点营销、话题营销等路径来提高内容的分发效果，在这期间，内容创作者需要尽可能地维持内容、产品/品牌、账号形象三者的一致性。无论是在匹

配和筛选阶段，还是在后面的推荐与触达阶段，保持内容调性的一致性，可以更加精准高效地将有价值的营销信息递送到喜欢触达的用户群体之中，可以避免内容冗余带来的烦琐和消费者的反感，也可以降低内容生产成本，提高内容创作和运营的盈利效率。

值得一提的是，在满足契合原则的推荐内容创作中，找寻到目标消费者需要的商业品牌和产品不仅能够给内容创作者和商家/品牌方带来商业和经济收益，还能够进一步提升目标群体与相关作者和品牌的黏性和契合度，从而有助于长期运营和社区建设。

▶▶ 四、推荐与触达

从内容创作者与消费者互动的方式来看，我们可以将之区分为直播营销和内容发布营销两种。但无论是通过直播完成推荐，还是通过短视频、文章、图片、音频作品或者其他内容作品发布的形式完成产品或品牌推荐，其核心都是被触达的目标受众出于对达人的关注和认可，去了解其所推荐的产品和品牌，并进一步产生喜爱、购买等倾向和行为。在这个过程中，决定消费者是否会对所传递的营销传播内容产生共鸣，并触发后续行为的要点包括两个方面：一方面指传播内容本身，这是因产品而异；另一方面指消费者和达人之间的互动基础，这些基础可以是亲近感，也可以是专业性，或者是服务、产品、兴趣和推荐内容的频繁出现。接下来，我们将逐一分析推荐的基础和方式。

（一）基于专业性的推荐

基于专业性的推荐是内容推荐中广泛推崇的，且随着知识营销和内容专业性的发展，专业推荐的商业需求不断提高。在目前的内容社交媒体平台中，内容专业化发展较为显著的主要是医疗、健康、科学科普、法律等领域。在这些领域里，内容创作者依靠自己的专业身份、持续积淀的专业经验和知识为内容消费者们带来了有趣且有用的内容输入，并营造了基于专业和权威而产生的信任和持续互动。

当专业内容和专业账号进行商业推荐的时候，品牌方不仅希望获得相关人员提供的粉丝群体触达渠道、流量优势、影响力效应，还希望能够得到其专业性的评价和认可，从而提升其产品或品牌或理念的专业性，有利于后续持续传播和营销。

快手"二哥评车"就是一个典型的案例。汽车作为高价的耐用消费品，消费者对其评估链路通常十分漫长。"二哥"最开始经营账号的3年，都是进行单纯的知识输出，他的所有内容都指向一件事，那就是为粉丝解决买车难题。凭借持续的专业知识分享，2019年"二哥"的首次粉丝团购卖出288台车辆，成交率近三分之一。短短一年时间，"二哥"团购会共卖出近2 000台车辆，改变了以往的汽车销售模式（图9-6）。

图 9-6 "二哥评车"基于汽车专业知识持续营销获得良好运营收益

(二)基于信任的推荐

在深度社交的平台,用户和内容创作者之间可以形成深度的强关系绑定,这种基于深度社交关系产生的商业环境,被不同的平台所推崇。因为在这种深度互动和深度社交的环境下,用户对于该平台会形成较为强烈的社交归属感,也往往会提高用户在平台消费的意愿,换言之,就是更高的复购率、更好的单位用户付费值等数据。

对于内容创作者而言,形成深度绑定的消费者,从心理上来讲,是助推内容创作者持续制作新内容,维持高频率社交使用的动因;从收益上来讲,具有自己独特的内容消费群体,也就是拥有了私域流量,从而促进个人品牌的提升和个人商业化效率的提高。

从退伍军人到快手蓝领招工的"金字招牌",招聘主播刘超打破蓝领招聘传统依靠熟人和老乡之间"人带人"的推荐关系,年收获简历 20 000 份,年收入超百万元。根据用户反馈,刘超成功的基础在于真实和信任,不论是从走访企业、展示工作环境、邀请企业负责人关于薪酬、食宿福利做全面的体验式介绍,还是拍摄与工友们的日常,刘超的账号在工厂、直播间在工厂、人也在工厂。不同于传统头部招聘网站与"地蛇"模式,刘超团队对工友的服务是持续的、有人情味的,网民评价他像"一个老乡、一个大哥哥,关心着、爱护着这些被他招来的工友们"。除了线上对接信息、接送服务之外,刘超还开启了线下驻场"陪伴式"服务,进一步完善工友们的权益保障,通过一次次的信任合作,在工友中形成好口碑,从而产生"人带人"的飞轮效应。

图 9-7　刘超通过建立用户信任推广快招工业务

(三) 基于服务的推荐

基于信息和社交关系而产生的推荐服务除去前述的内容和社交属性之后,还拥有较强的商业属性,而由此也就带来了消费者对于推荐服务的价值衡量上的另一维度,即将推荐服务作为产品而进行衡量的产品价值。具体来说,这种价值往往体现为选品的专业性、商品的独特性价比、售后服务的全面性、推荐者向商家和消费者提供的后期维护服务等。在这种推荐业务中,推荐者往往已经不仅是完成了推荐的工作,还承担了商品销售链条中的分销、审核、售后等职能。

随着内容创作者作为推荐者的业务模式不断拓展,以及推荐者本身的影响力和品牌溢价不断提高,推荐者本身会越来越多地承担超过广告推荐之外的职责。消费者会期待具备专业性或规模化运营的推荐者,对其所推荐的产品具有一定的合规审核、售后管理等义务,而这种环境的行程,也促使越来越多的以推荐为主要盈利模式的内容创作者开始探索自己的分销路径,搭建一个更为完备、合规且可持续的盈利机制。

(四) 基于流量的推荐

在诸多内容社交媒体平台上,内容集群和头部化的现象较为明显,这也可以被理解为沉默的螺旋在 Feed 模式下的展现。而这种"头部化""集群化"往往体现在内容流量的分配上。在同等情况下，能够赢取更多流量关注的内容创作，就自然而然会带来更大的商业价值，这种价值可以是显性的，基于广告点击率、广告完播率、广告互动量、商品销售量等的广告营销收益；也可以是隐性的，基于品牌属性度、品牌覆盖面、二次搜索量等收益。

头部效应或者流量效应的说法，在直播带货的运营生态中较为显著，比较典型的案例就是罗永浩团队建立的"交个朋友"公司。根据抖音官方公布的数据显示，2020 年 4 月 1 日，依靠"名人效应"和流量推荐优势，罗永浩首次直播带货支付交易总额突破 1.1 亿元；在 2021 年同一天，这个数据被突破至 2.3 亿元。同时，各大电商平台的直播带货数据也在不断更新，快手、淘宝等平台头部主播最高带货数据已经突破 10 亿元。

对于非顶级头部的带货案例，中腰部推荐者也会因为流量分配的优势获得很好的收益，这种收益会与内容推荐本身的目标达成效果紧密关联。因此，通过提高创作者本身的内容吸引力，强化优质、活跃用户的互动能力，可以有效提高创作者在进行商业化推荐时能够获得的流量分配比例，从而促成更有成效的推荐结果，也能显著提升创作者的运营收益。

（五）基于兴趣的推荐

个性化算法是目前多数社交媒体平台主要的运营基础，而具有内容属性的个性化算法多数以兴趣推荐为主要基础。通过对于内容消费者的兴趣偏好进行记录和分析，内容分发算法能够较为准确地将信息投放到可能感兴趣的用户面前。由此，也就带来了社交媒体信息流广告和公域营销中的关键，基于兴趣而进行的推荐。

利用兴趣进行推荐的内容不同于基于私域流量进行的推荐，对于内容的吸引力要求会更高。由于类似信息的云集可能会导致同质化的推荐内容出现频率升高，如何别出心裁地在兴趣场域下提高推荐的效率是内容创作者和推荐者的关键性工作。一般来说，话题性运营推荐是兴趣营销的关键，而在兴趣营销的背后是更为丰富的体验和讲解。

美食垂类的内容很多就符合基于兴趣的推荐。由于热爱美食的用户常常会关注探店、美食制作和美食测评类内容，持续着力于相关领域的内容创作者可以因此积累自己的私域生态，并获得行业认可，从而能够承接到许多食品领域的广告投放和合作要求。例如，致力于复刻"满汉全席"和失传名菜的美食直播"南翔不爱吃饭"，该内容创作者凭借精湛的技艺和专业精神获得了大家的认可，同时也在美食垂类内容创作者中获得了较大的影响力。因此，后续有大量的速食食品、餐饮品牌与其寻求合作，为其账号的持续运营带来了经费支持。

值得注意的是，虽然我们人为地将内容推荐业务的核心竞争力分类为专业性、信任、推荐服务、流量和兴趣，但是在实际内容创作和账号运营中，这些要素不仅不是互斥的，还是互相弥补、互相共存的。长期的专业性运营可以加强用户的信任度，也能彰显内容服务的特色。同时，如果一个内容创作者能够针对单一领域进行持续输出，并不断与同领域的其他创作者互动，也能够通过行业影响力获得对该领域感兴趣用户的关注和青睐，从而为其带来更多基于兴趣的合作和购买，这种情况在汽车推荐、科技产品推荐等领域中较为常见。

基于社交媒体平台的内容和社交属性，使得推荐作为独特的商业模式也与内容深度绑定，并通过创作者的商业化行为进行变现。随着算法的升级和专业性的提升，该模式在未来的内容变现和社交媒体盈利环境中会越来越多元、专业和精准。

【思考题】

1. 内容付费随着媒体技术的迭代发生更替，在激烈的变革时代，"内容为王"和"渠道为王"的论调同时出现。如何看待在社交媒体经济生态中内容和渠道的平衡？

2. 在社交媒体平台中，因为传播模式、目标受众、内容特点的不同，导致不同平台衍生出了独具特色的盈利模式，这些新的盈利模式与平台社区属性密切相关。请结合一个具体的案例谈谈你的看法。

3. 在社交媒体平台运营中，公域和私域对于变现效果有一定的影响。一般来说，公域流量越充裕的平台，商业化广告价值越高；私域流量占比较高的平台，对电商带货和构建信任商业就有更大优势。请结合你常用的社交媒体，分析其公域和私域流量分配机制，并探讨其合适的运营方案。

4. 随着元宇宙概念的提出，社交媒体平台也开始尝试向元宇宙方向靠近，VR、AR、全息投影、区块链等技术的融入，对社交媒体的革新具有重要意义，也会带来盈利模式上的变化。请你想想看在元宇宙的环境下，社交媒体平台的内容创作者是否会有新的盈利模式出现？

【推荐阅读书目】

[1] 托马斯·达文波特，约翰·贝克. 注意力经济 [M]. 谢波峰，等译. 北京：中信出版社，2004.

[2] 快手研究院. 信任经济：快手是什么III [M]. 北京：中信出版社，2022.

[3] 特蕾西·L. 塔滕，迈克尔·R. 所罗门，北京大学新媒体研究院社会化媒体研究中心. 社交媒体营销 [M]. 上海：格致出版社，2017.

第十讲

元宇宙时代社交媒体的发展趋势[①]

[①] 本讲内容发表于《新闻爱好者》2022年第6期,原标题《元宇宙背景下的新闻业发展趋势研究》,有改动。

第十讲　元宇宙时代社交媒体的发展趋势

社交媒体（Social Media）是互联网行业的核心构成之一。各大社交媒体公司围绕其核心业务建立起庞大的产品和服务体系，全球数十亿用户能够通过社交媒体随时随地与他人在线上进行互动、交易和分享。

2021 年被互联网行业称为"元宇宙（Metaverse）"元年。元宇宙是信息技术（5G/6G）、互联网技术、扩展现实（Extended Reality，XR）技术、人工智能（Artificial Intelligence，AI）技术、物联网与云计算、大数据、区块链等高新技术的"结晶点"。元宇宙将相对离散、各自发展的互联网底层技术互相联结，对现实时空进行了多重延伸，创造了一种新的文明，势必引发社交媒体底层技术逻辑、内容形态与分发、用户参与方式与社交空间等的彻底重塑，为社交媒体创造出一个全新的互动、交往、传播的经济模式。

连接元宇宙虚拟世界与现实世界的重要节点是"入口"。当下有关入口的讨论重点集中在技术意义上，如 XR 硬件设备及脑机接口被视为连接虚拟与现实的两种重要终端设备，即元宇宙物理意义上的"场景入口"。"数字资产"（数字藏品）作为元宇宙入口的新媒介的论证也已经完成，也有学者提出智能网联汽车可以作为元宇宙的新"入口"。[①] 但笔者认为，数字身份才是元宇宙真正意义上的"入口"，其承载的数字世界的社交关系和资产在线上、线下均得到一致认可才是完成虚实相融的关键，只有实现了现实身份和数字身份的相互认同才是真正进入了元宇宙时代。从这个层面出发，社交媒体作为"虚拟应用"，自然地为用户提供了数字身份，能够成为互联网技术由 Web 2.0 时代迈入 Web 3.0 时代的重要枢纽，在一定意义上亦可视为元宇宙在终端应用层面的"入口"。

在此背景下，各大互联网公司纷纷入局"元宇宙"社交媒体，大致上均采用了"硬件+内容"双线并行的思路。Facebook 率先宣布战略转型并更名为 Meta，表示将从一家社交媒体公司转型为元宇宙公司，Meta 布局 Horizon Worlds 系列元宇宙产品以实现社交娱乐功能的完善与工作场景的优化，聚焦元宇宙未来生态全景建设；Snapchat 作为一款"阅后即焚"的社交软件，从拍照功能出发，凭借 AR 技术开发虚拟现实滤镜及相关设备，占据了元宇宙生态的领先地位；腾讯作为国内"社交巨头"，注资有"社交元宇宙"之称的 Soul，成为其最大股东，用户可以随时随地进入 Soul 构建的虚拟空间中，创造自己的虚拟化身，体验各式各样的社交场景，建立社交连接，找到归属感，在元宇宙中开启精彩的"第二人生"。

元宇宙时代社交媒体之间的隔绝状态势必会被打破，紧密连接现实，并将人的虚拟化身纳入区中。连接方式和交往模式的变革创新，必然会推动用户的社交兴趣和社交需求发生变化，促进社交媒体的大变革。

[①] 郭婧一，喻国明. 元宇宙新"入口"：智能网联汽车作为未来媒体的新样态 [J]. 传媒观察，2022（6）：17-21.

第一节 元宇宙概念的提出与发展历程

从想象到现实，一直是人类文明演进的底层冲动。1981 年，美国数学家弗诺·文奇（Vernor Vinge）在《真名实姓》（*True Names*）一书中构思了一个通过脑机接口与现实时间链接，并能够提供感官体验的虚拟世界，被视为元宇宙的雏形。1992 年，Neal Stephenson 出版的科幻小说《雪崩》（*Snow Crash*）则首次明确提出了"元宇宙"的概念。20 世纪 80 年代，计算机技术飞速发展促使人类社会文化从印刷文化转型至数字文化，计算机朋克文学运动随之兴起。《雪崩》即是后期赛博朋克小说的重要代表作之一。作者以虚拟世界和现实世界的并行不悖为基准，创造出了"超元域（Metaverse）"和"化身（Avatar）"这两个概念。描绘出网络虚拟世界将成为与现实生活平行的空间，人类可以同时拥有物理性的真实躯体和数字化的虚拟分身并进行"数字化生存"的未来图景。

游戏是元宇宙的雏形，多人互动游戏本身即具备一定的社交媒体属性。2002 年，Linden 实验室研发并上线了一个虚拟社区游戏，即"第二人生"（Second Life）。经过数年发展，2007 年该虚拟社区以近千万的注册用户、超过 7 亿美元的"年 GDP 总量"引发了广泛关注。该社区赋予用户（"居民"）充分的创造力，用户可以构建自己的虚拟形象，参与社会、经济、娱乐和教育活动，制造和交易虚拟财产和服务，"创造"自己的人生，建立起仿真型虚拟社会。"第二人生"拥有完备的虚拟经济体系，包括 IBM 等著名企业均在其中设立了公司。"第二人生"中的媒体和社交媒体也自然而然成为虚拟世界中大众传播的重要工具，在"第二人生"中曾产生了《阿尔法维尔先驱报》《元宇宙信使》《第二人生》3 份发行量达到 10 万份的报纸。[①]"第二人生"中社交媒体传播的信息对现实生活也产生了一定影响，然而，自 2007 年月活用户突破具有里程碑意义的 100 万人后，受众社交注意力逐渐转向聚焦"现实生活"的 Facebook 和 Instagram，"第二人生"开始从巅峰悄然滑落。

《雪崩》中所描绘的景象至今仍未实现，但其提出的元宇宙概念在 2021 年引起了全球性的关注。新冠疫情的全球化和常态化让人类的在线时间无限延长，大大加速了人类社会的线上迁移。近年来 5G 商用逐渐落地，元宇宙所依托的虚拟现实技术、区块链技术、数字孪生技术等核心技术逐步发展成熟并被推广，使"元宇宙"的落地成为可能。

---

① Brennen, Bonnieand Cerna, Erika dela. Journalism in second life [J]. Journalism Studies, 2010, 11 (4): 546 – 554.

资本首先敏锐捕捉到了元宇宙的进步性和巨大商业价值。2021年3月,"元宇宙第一股"Roblox在纽约证券交易所上市,受到资本市场热捧。10月29日凌晨,扎克伯格在公司Connect开发者大会上宣布:将公司名更名为"Meta",旨在打造基于虚拟与增强现实、物联网、脑机接口、区块链及数字孪生等技术形成的新一代社交媒介。

另外,元宇宙的发展也引起了政府主体的注意。2021年11月,韩国首尔市政府发布了《元宇宙首尔五年计划》,宣布自2022年起着力打造元宇宙行政服务生态,逐步扩展至经济、文化、旅游、教育、信访等市政府所有业务领域。由此可见,元宇宙不仅是互联网传输技术的重要革命和互联网行业发展的重要方向,且可能成为人类社会演进的下一阶段,持续嵌入人类生活。

在中国,2022年年初,元宇宙发展首次上升为国家级战略,被写入多地"十四五"产业规划。2022年第2期《求是》杂志刊发习近平总书记重要文章《不断做强做优做大我国数字经济》,文章指出,发展数字经济是把握新一轮科技革命和产业变革新机遇的战略选择。[①] 过去,虚拟世界仅能作为依托人类现实世界所生成的一种特殊情绪情感体验,这也意味着聚焦虚拟世界的社交媒体对现实世界也具有强依附性。而随着元宇宙由概念落到实地,相关技术的不断发展,其应用领域将越来越广,不断拓展人类的生存空间和感官体验维度,使虚实融生的社会形态逐步成为可能。在此过程中,用户对社交媒体的需求必将逐步提升,社交媒体也将迎来新的革命。

学界对元宇宙概念的讨论主要集中于计算机软件及应用领域和新闻与传媒领域。面对元宇宙相关技术带来的革命性技术变迁及可能到来的"元宇宙时代",我们亟须反思社交媒体本身及其发展所处的生态环境,从多角度思考"元宇宙"对社交媒体行业可能造成的影响,进而对其发展趋势和产业前景形成认知与判断。

目前,元宇宙一词暂无统一的定义。有学者认为,元宇宙是整合多种新技术产生的下一代互联网应用和社会形态,它建立在扩展现实技术和数字孪生实现时空拓展性,AI和物联网上的线上数字虚拟人和线下自然人与仿真机器人的人机融生性,以及区块链、Web 3.0、数字藏品/NFT等实现经济增值性的基础上。社交系统、生产系统、经济系统虚实共生,每个用户可进行世界编辑、内容生产和数字资产自所有。[②] 从概念上来看,元宇宙绝非单纯的产品或技术,其所搭建起的线上、线下协同数字化的互联网式社会形态将深刻改变人类与时空互动的方式,甚至影响人类文明演进的轨迹,元宇宙相关支撑技术也必将持续动态地重构着社交媒体产业体系。

---

① 求是网."国家战略"! 看党中央如何推动数字经济发展 [EB/OL]. [2022-08-31]. http://www.qstheory.cn/zhuanqu/2022−01/17/c_1128269885.htm.

② 清华大学新闻与传播学院新媒沈阳团队.《元宇宙发展研究报告》(2.0版本)[R/OL]. [2022-08-30]. https://mp.weixin.qq.com/s/0uZdxD2FCaAZvunz0j3YAg.

第二节 作为元宇宙入口的社交媒体的发展可能性

元宇宙依托的技术群庞大,核心技术包括区块链技术、交互技术、电子游戏技术、人工智能(AI)技术、网络运算技术及物联网技术等新一代信息技术。这些技术在社交媒体行业有着广泛的应用前景,更为重要的是,作为元宇宙支撑基石的各项核心技术有望实现突破与创新,加之政策扶持及各项配套资源支持,元宇宙极有可能从概念走向现实。因此,提前布局,整合运用元宇宙核心技术已成为各大社交媒体公司的共识。元宇宙技术的落地,将引发社交媒体社交模式、社交体验及内容变现等多方面的变革。

▶▶ 一、虚实融生的多元主体社交模式变革

元宇宙将深度促进人的"赛博格"化,虚拟人将成为"元宇宙时代"社交媒体的首要参与者。在"元宇宙"社会中,自然人、数字虚拟人、仿真机器人三者共融共生,数字虚拟人和仿真机器人由自然人衍生,依靠 AI 引擎实现。自然人可以打造自己的虚拟化身,在虚拟空间中以虚拟人作为形象呈现,由自然人本体操纵,作为真身行为的实时映射。仿真机器人是虚拟人在现实世界的实体化,服务于自然人。① 虚拟人和机器人能够与现实世界中的自然人进行实时交互。因此,在"元宇宙"技术背景下,社交媒体生态将由自然人、数字虚拟人及仿真机器人三重主体共同参与打造。

社交是人的天性,每个人都有开启或体验不同身份人生的愿望,然而在现实生活中,人们往往难以与现实的复杂社会关系剥离,但在"元宇宙"中,遵循多世界解释(Many Worlds Interpretation,MWI),人的数字虚拟身份可以有不同的人生,人可以选择不同身份开启"多重人格社交"。例如,在 Meta 开发的 Horizon World 中,用户已经可以在超过一千个自定义世界中自由切换。自然人不仅能够以多样虚拟身份使用社交媒体平台,交往的对象也不再局限于自然人,而是与自然人、数字虚拟人、仿真机器人三元主体共同交往。在"元宇宙时代",数字虚拟人在社交媒体平台上的呈现不再局限于诸如虚拟偶像柳夜熙、清华女大学生华智冰、谷爱凌数字分身 Meet GU 等特定"角色",而是随着虚拟人的外观真实感和智能化程度的不断提升、人机交互水平的不断提高和制造与运维成本的持续降低,让经过人格化训练的虚拟人,真正作为独立的主体参与社交媒体平台的生态体系建设,与自然人高效互动合作,实现协同发展。仿真机器人作为实体化的数字虚拟人,不仅能够满足自然人在现实世界的社会生活需求,也能够协同自然

---

① 沈阳. 元宇宙的三化、三性和三能[J]. 传媒,2022(14):21-22.

人更好地参与虚拟世界的社交活动，更大限度地提升自然人的社交媒体平台使用体验。

因此，在"元宇宙"技术背景下，社交媒体平台就由自然人、数字虚拟人及仿真机器人三元主体共同参与。三者之间的结合既突破了时空限制，又能够互相弥补不足，以多元技术赋能社交媒体新发展。

二、XR 技术支撑的深度沉浸社交体验

"元宇宙"创造的"数字拟真空间"拥有连接范围广、沟通效率高、沟通体验真的突出优势，使得"元宇宙时代"的社交媒体相较于 Web 2.0 时代的传统社交媒体能够极大提升用户的"沉浸感"，用户能够凭借"人体再造"在虚拟世界中完成个体想象力的落地。[①] 而扩展现实技术是打造"元宇宙""数字拟真空间"的重要支点。

XR 技术是指通过计算机将真实与虚拟相结合，打造一个人机交互的虚拟环境，是 VR（Virtual Reality，即虚拟现实）、AR（Augmented Reality，即增强现实）、MR（Mixed Reality，即混合现实）等多种技术的统称。XR 技术融合了三维显示技术、计算机图形学、传感测量技术和人机交互技术等领域技术成果，通过虚拟重建使受众获得沉浸式第一人称的场景体验。能够不断拓展人类时空生存维度和想象空间，为"元宇宙""住民"提供沉浸式虚拟现实体验。用户可以进入古今中外不同的"元宇宙"场景之中，在现实世界与虚拟世界中交替穿梭，与古今中外不同领域的人进行交往，释放海量用户触点。[②]

VR 技术和 AR 技术是 XR 概念的主体。VR 技术目前已广泛应用于游戏行业和影视行业。"社交+游戏"是当前 VR 社交媒体生态的主要方向。如由社交媒体起家的"脸书"Facebook（Meta）是 XR 领域重要的先行者，于 2014 年收购了 Oculus 之后立即开始布局 XR 生态，在硬件、软件、内容和应用领域都全面深耕。如今 Oculus 凭借自身的技术优势已经成为目前出货量最高的 VR 头显设备，在 Meta 开发的 VR 社交平台 Horizon Worlds 中，Oculus 头盔用户可以在其中创建一个形象化身，在虚拟世界中漫游，并与相关用户进行会议、游戏、交流、办公等互动。而 VR 应用与内容生产层面，国内外亦不乏知名媒体利用 VR 技术在社交媒体平台进行过新闻报道的案例，基于 VR 技术制作的新闻也直接推动了"沉浸式新闻"（immersive journalism）的诞生，并与其他高新技术结合将新闻叙事带到新的高度。

AR 技术则是 VR 技术的延伸，相较 VR 技术的纯虚拟体验，AR 技术带来的则是虚拟和现实信息共生体验，强调的是"由虚向实"，即数字体验的真实化。AR 技术制作手段相较 VR 技术更为复杂，需要借助计算机图形技术和可视化技术等将现实世界中用

[①] 田丽，李彤. 社交媒体：踔厉奋发，赓续前行 [J]. 青年记者，2021（24）：19-21.

[②] 彭立，彭泺. 新媒介技术正改变与增强新闻传媒：基于 VR 技术、AR 技术及 MR 技术的考察 [J]. 西南民族大学学报（人文社科版），2016，37（10）：153-157.

户一定时空范围内难以体验到实体信息进行模拟仿真之后再叠加到现实世界，实现现实环境与虚拟物体在同一个画面或空间中的同时存在，从而为用户提供超越现实的感官体验，故称"增强现实"。目前，AR 技术在社交媒体平台应用最具"破圈"效应，产生了较大影响力。AR 技术最早期的应用即用户可通过手机等小型终端设备，利用"扫一扫"功能借助手机屏幕让传统媒体"动起来"，将传统媒体的单向传播变为基于社交媒体的双向互动。比如 2019 年，Google 推出了 GoogleMaps AR 导航，手机屏幕上会出现视野正前方的 AR 景象，带来了"平视"导航新体验，开启了逆转"低头族"新趋势。如今各大社交媒体平台纷纷入局 AR 社交媒体应用，如 TikTok 宣布推出了 AR 广告产品 Brand Scan，广告主的品牌 Logo 和产品能够以 AR 技术展现出来，吸引平台用户使用并分享；Instagram 推出"SparkAR"小程序，用户通过该程序的 AR 技术可以自创脸部滤镜，并上传至平台共享；Niantic 推出了 Lightship 开发者平台，意在通过"现有的游戏+新应用程序+Lightship"构建"真实世界元宇宙"让 AR 体验从单用户游戏变成多用户社交对话，创造 AR 社交生态。在"元宇宙时代"，AR 技术在社交媒体平台的应用将具有更强的社交属性，带给用户社交与感知效果兼备的 AR 体验。

MR 技术，即叠加在真实世界上的虚拟现实，是 VR 技术与 AR 技术进一步的深度结合，MR 营造的混合现实空间也更接近"元宇宙"的概念。美国 AR 公司 Magic leap 在 MR 技术层面的探索让我们看到了未来 MR 设备落地的可能性。虽然其仍无法实现裸眼空中悬浮成像技术，但其在官网发布的 Magic leap one 产品已经可以通过带有透明镜片的穿戴眼镜 Lightwear、可别在腰间的便携驱动引擎 Lightpack 和有 6 个自由度的空间跟踪、可实现平滑移动的触控手柄营造混合现实空间。近期，基于保利威技术的 MR 直播"人民视频飒直播"正式发布，在已举办的沉浸式的 MR 直播体验展中，展现了该产品集虚拟展示、异地交互、3D 展现于一体的 MR 直播舞台。① MR 技术将现实世界和虚拟世界混在一起，产生新的可视化环境，为用户提供虚实融合的智能视听交互体验，其构建的可视化环境中同时包含了现实物体和虚拟信息。按照目前的设定，MR 设备直接向视网膜投射整个四维光场，用户基本无法分辨虚拟物体和现实物体，虚实融合度更高。从这个层面出发，MR 技术应用于社交媒体将显著提升用户对社交媒体"虚拟信息"的真实体验，带给用户更贴近现实的线上社交体验，推动"元宇宙"社交的线上、线下一体化。

XR 技术作为"元宇宙时代"的支撑性技术，其应用于社交媒体构建起的真实社交场景能够带给用户高沉浸感、强互动性的社交体验，刺激受众的多种感官，引发社交媒体新的革命。

在以往，XR 技术在社交媒体平台的应用主要受制于内容制作时长过长、技术及设

---

① 中国发展网. 权威发布｜保利威 MR 直播技术亮相 2022 智能视听大会［EB/OL］.［2022-09-01］. https：// baijiahao. baidu. com/s？id ＝1742747084482034758&wfr ＝ spider&for ＝ pc.

备成本过高难以推广等问题，而在"元宇宙时代"下则直接加速了 XR 产业的发展，XR 设备成本降低，产品迭代加快，行业迎来复苏期，各大科技平台抢占布局 XR 产业，构建 XR 生态，将极大限度地解决技术瓶颈。随着"元宇宙"背景下 XR 产业生态的逐步形成，人类生活的全面媒介化的到来，社交媒体平台必将呈现出越来越全景化、沉浸式、交互式的传播趋势，给用户带来更加沉浸式的社交体验。

▶▶ 三、区块链技术助力社交资产聚合

区块链技术是"元宇宙"的重要支撑技术之一，通过将互联网技术和区块链技术结合起来，可以建立起"元宇宙"的数字资产体系。区块链技术自 2008 年问世以来便备受瞩目，其本质是通过去中心化方式，通过共识机制分布式账本，由用户集体维护一个安全可靠的数据库。"元宇宙"场景构建的核心是"数字孪生"，需要实现将现实事物数字化，建立具备数字产权认证和数字资源交易能力的数字社会。基于区块链技术的社会生产方式和社会思维方式将会相互促进，赋能传统社交媒体价值重构，实现社交资产深度聚合。

Web 2.0 时代的主流社交媒体均为"中心化"模式，"元宇宙时代"区块链技术应用于社交媒体有望打破传统社交媒体的"中心化"通病，构建一个更加科学合理的互联网社交媒体生态。首先，区块链分布式网络可以有效保护用户个人数据，规避传统"中心化"社交媒体贩卖用户数据隐私等问题，摆脱控制权"中心化"的镣铐。其次，区块链"账本"能够实现用户数字资产聚合，数字资产一旦上链便呈现出唯一性、可追溯且不可逆转的特点。以社交媒体内容为例，消息源到成品都完整分布在区块链"账本"之中，内容的产出过程得以完整记录，一旦确权，永不消退，在数字版权方面优势明显，逻辑上亦可规避虚假信息、知识产权纠纷等问题。再次，区块链建立起来的数字经济体系能够使用户在社交媒体中广泛使用数字货币作为结算方式，降低交易难度和用户成本，让用户的数字资产得以在区块链上全球流通，使数字资产更加接近实物资产。最后，在以 Web 2.0 技术为基础的传统社交媒体时代，UGC 内容生产模式下用户被资本盘剥，一定程度上沦为"数字劳工"，内容生产者难以真正掌控自己的数字资产，而区块链技术的应用可以支持"元宇宙"社交媒体商业模式革新，改善部分传统社交媒体盘剥内容创作者收益的问题。如 2021 年 10 月，去中心化内容发布平台 Mirror 宣布向所有以太坊地址开放，任何人都可以在 Mirror 连接自己的钱包并开始写作，搭建起具备作品（Entries）、众筹（Crowdfunds）、藏品（Editions）、拍卖（Auctions）、合作共享（Splits）、投票（Token Race）六大基础功能的社区协作内容平台，直接连接创作者与

消费者，为创作者带来数字收益。① 版权问题和经济问题得到解决，也将直接激发用户创作内容的积极性。

在通往"元宇宙"的跨越虚实边界的道路上，势必面临着更加复杂的社交媒体生态环境，发展以区块链技术为底层架构的社交媒体经济体系势在必行。我国政府已有了较为长远的区块链布局意识。如 2021 年 1 月，由国家发改委等 27 家联盟单位共同发起的国内首个自主可控区块链软硬件技术体系"长安链生态联盟"（ChainMaker）上线。基于自主可控、灵活装配、软硬一体、开源开放的理念，"长安链"开放程序源码，鼓励企业和个人开发者加入，旨在推动区块链领域各项核心技术的持续提升。② 未来，区块链在"元宇宙"社交媒体中的应用将更加成熟、灵活，将充分发挥其在数据安全、数字资产保护等方面的优势。

第三节　元宇宙背景下未来社交媒体发展趋势

虚拟人技术、XR 技术、区块链技术等"元宇宙"核心技术在社交媒体领域中的应用展现了作为"元宇宙"入口的社交媒体的良好发展前景，对"元宇宙"背景下未来社交媒体发展趋势做出预测，有助于社交媒体把握正确"元宇宙 + 社交媒体"发展方向，营造良好的社交媒体生态环境。

▶▶ 一、"社交媒体游戏化"：游戏感成为社交体验的重要衡量标准

"元宇宙"发端于游戏行业，2021 年"元宇宙第一股"Roblox 游戏公司在美国上市，该公司创建于 2008 年，是全球最大的在线游戏创作平台。Roblox 游戏公司通过游戏建立全球互动社区，将全世界连接在一起，基于与朋友同乐而建立的数千万个沉浸式交互游戏，建立去中心化与由用户拥有的虚拟世界，是全球经典的"元宇宙"游戏。

"元宇宙"创造一个平行于现实社会的虚拟社会，可容纳数亿人同时在线"游戏"。随着媒介技术的迭代，"元宇宙"将成为未来人类进行社交活动的主要载体。游戏感将成为用户社交体验的重要衡量标准，具体而言，包括游戏沉浸感、临场感、参与度、互动性及在游戏中身份的确认和与朋友的互动所带来的享乐感和幸福感等层面。

在"元宇宙时代"背景下，用户的社交行为与游戏密不可分，在已有的社交媒体

---

① 科技料. Mirror，让公众号、微博成为过去式？［EB/OL］.［2022-09-01］. https://www.163.com/dy/article/GN044JLT0531I6Y1.html.

② 国内首个自主可控区块链软硬件技术体系"长安链"发布［EB/OL］.［2022-05-11］. http://www.beijing.gov.cn/ywdt/jiedu/zxjd/202101/t20210129_2246663.html.

进军"元宇宙"的尝试中,社交与游戏也常常密不可分,这一趋势在未来将得到不断强化。

二、"社交媒体真实化":社交媒体信息"真实性"概念重塑

社交媒体已逐渐成为普通用户"新闻获取、评论、转发、跳转的重要渠道"[1]。随着"元宇宙"应用场景的快速铺开,现实与虚拟的快速融汇,社交媒体中新闻信息的传播也发生了重大变革。一方面,新闻形式由实向虚,XR 技术发展带来的沉浸式新闻将成为"元宇宙"社交媒体新闻报道的重要形式;另一方面,社交媒体信息内容由虚向实,虚拟世界将越来越真实,虚拟世界将成为客观实在,虚拟数字主播将成为新闻播报的重要形式,虚拟世界将切实影响现实世界,两者的直接联系将不断紧密。

"新闻的真实是事实的真实",换言之,只要在事实真实的基础上,形式上的虚拟并不妨碍事件本质真实性的内涵。然而,由于"元宇宙"颠覆了传统时空观,"真实"的内涵发生了改变,"时空一致"不再是真实的必要条件,人类对"真实性"认知也将迎来重塑。同时,AI 算法、区块链等技术的运用能够在事实核查和生产记录上发挥重大作用,确保"元宇宙时代"社交媒体新闻事实的准确性,进而确保其真实性。

三、"社交媒体去中心化":社交媒体用户权利进一步扩大

Web 2.0 时代,社交媒体平台的内容为平台所把控,用户权力有限,而在以区块链为代表的分布式技术推动下,"元宇宙"赋予了个人在虚拟世界独一无二的社交身份和数字资产,人类可以进行高沉浸式的共享、社交和经济活动,"元宇宙"所采用的虚拟货币体系使公众可以在社交媒体上以众筹、线上支付等形式引导媒体进行报道,公众的偏好更加明显,在新闻中的选择权扩大,并促进行业建立起良性激励机制。

随着互联网技术体系逐步走向成熟,"元宇宙"的全产业覆盖和生态完备将成为可能。纵观"元宇宙"技术体系可以看出,各项技术能力普遍联系、密不可分,持续动态地影响着人类社会的政治、经济、文化各个层面。

"元宇宙"产业发展为社交媒体发展的助力与潜在问题必定同时存在,"元宇宙时代"个人隐私问题、深度伪造问题及数字健康问题都亟待解决。

按照当下业界公认的定义,"元宇宙 1.0 时代"是由游戏、社交、内容融合形成的泛娱乐虚拟场景兴盛的时期,其中社交是"元宇宙"不可或缺的一环。政府机构、互联网公司、媒体机构等各方有生力量已然做出了大胆推进,试图用"元宇宙"关涉技术赋能社交媒体,推动"元宇宙时代"社交媒体的发展,为用户提供更好的社交体验,创造更巨大的社交媒体价值。

---

[1] 欧健. 微信朋友圈的有限公共性:基于结构、再现与互动的探讨 [J]. 新闻界,2019 (8):45-58.

现阶段，"元宇宙"仍处于理论建构和全行业应用的奠基与准备阶段，距离实现社交媒体的生态产业链条成熟仍存在较大差距，可以预见，在未来的十年里，社交媒体将始终是"元宇宙"在概念建构和场景应用层面进行探索的重要端口，社交媒体在"元宇宙时代"的发展也必将长期处于对新技术大胆探索尝试和对技术潜在问题的警惕关注的双向并行的状态之下。

【思考题】

1. "元宇宙时代"的社交媒体具备哪些特点？尝试用自己的语言总结。
2. 自然人在使用"元宇宙时代"的社交媒体过程中，应当如何与数字虚拟人、仿真机器人共处？如何坚守自身的价值？
3. "元宇宙时代"社交媒体的发展会给传统媒体带来哪些影响？
4. 尝试分析一个互联网公司布局"元宇宙"社交媒体案例，试分析其布局思路及布局重难点。

【推荐阅读书目】

[1] 尼尔·斯蒂芬森. 雪崩 [M]. 郭泽, 译. 成都：四川科学技术出版社, 2018.

[2] 弗诺·文奇. 真名实姓：弗诺·文奇的科幻世界与现代计算机网络的发展 [M]. 李克勤, 张羿, 译. 北京：北京联合出版公司, 2019.

[3] 子弥实验室, 2140. 元宇宙：图说元宇宙、设计元宇宙（全两册）[M]. 北京：北京大学出版社, 2022.

[4] 喻国明, 杨雅. 元宇宙与未来媒介 [M]. 北京：人民邮电出版社, 2022.

[5] 裴培, 高博文. 元宇宙：人类空间移民的想象力革命 [M]. 长沙：湖南文艺出版社, 2022.

主要参考文献

中文著作

[1] 唐世伟，刘贤梅. 信息论 [M]. 哈尔滨：哈尔滨工业大学出版社，2009.

[2] 吴飞. 新闻专业主义研究 [M]. 北京：中国人民大学出版社，2009.

[3] 哈贝马斯. 公共领域的结构转型 [M]. 曹卫东，等译. 上海：学林出版社，1999.

[4] 克莱·舍基. 未来是湿的 [M]. 胡泳，沈满琳，译. 北京：中国人民大学出版社，2009.

[5] 尼尔·波兹曼. 娱乐至死 [M]. 章艳，译. 桂林：广西师范大学出版社，2004.

[6] 陆学艺. 当代中国社会阶层研究报告 [M]. 北京：社会科学文献出版社，2002.

[7] 李强. 社会分层十讲 [M]. 北京：社会科学文献出版社，2008.

[8] 李培林，李强，孙立平，等. 中国社会分层 [M]. 北京：社会科学文献出版社，2004.

[9] 李红艳. 乡村传播与农村发展 [M]. 北京：中国农业大学出版社，2007.

[10] 刘学义. 话语权转移：转型时期媒体言论话语权实践的社会路径分析 [M]. 北京：中国传媒大学出版社，2008.

[11] 诺曼·费尔克拉夫. 话语与社会变迁 [M]. 殷晓蓉，译. 北京：华夏出版社，2003.

[12] 霍尔·涅兹维奇（Hal Niedzviecki）. 我爱偷窥：为何我们爱上自我暴露和窥视他人 [M]. 黄玉华，译. 北京：世界图书出版公司，2015.

[13] 帕特里克·塔克尔. 赤裸裸的未来 [M]. 钱峰，译. 南京：江苏凤凰文艺出版社，2014.

[14] 高宣扬. 后现代论 [M]. 2版. 北京：中国人民大学出版社，2016.

[15] 张从良. 从解构到建构：后现代思想和理论的系谱研究 [M]. 北京：社会

科学文献出版社，2017.

[16] 埃米尔·涂尔干. 社会分工论［M］. 渠敬东，译. 北京：生活·读书·新知三联书店，2017.

[17] 马丁·海德格尔. 尼采十讲［M］. 苏隆，编译. 北京：中国言实出版社，2004.

[18] 王弼. 老子道德经注校释［M］. 北京：中华书局，2008.

[19] 兰德尔·柯林斯. 互动仪式链［M］. 林聚任，王鹏，宋丽君，译. 北京：商务印书馆，2012.

[20] 古斯塔夫·勒庞. 乌合之众：大众心理研究［M］. 冯克利，译. 中央编译出版社，2019.

中文期刊

[1] 续迪. 我国微博网站的发展历程［J］. 新闻世界，2012（5）：79-80.

[2] 梁君健，孙虹. 从视听交往到社会缝合：纪实类短视频的视听话语形态［J］. 南京社会科学，2021（9）：120-129.

[3] 兹兹·帕帕克瑞斯，孙少晶，康静诗. 对传播技术的再想象：对话兹兹·帕帕克瑞斯（Zizi Papacharissi）教授［J］. 新闻大学，2021（8）：107-116，121.

[4] 洪杰文，段梦蓉. 朋友圈泛化下的社交媒体倦怠和网络社交自我［J］. 现代传播（中国传媒大学学报），2020，42（2）：76-81，85.

[5] 戴昕. "看破不说破"：一种基础隐私规范［J］. 学术月刊，2021，53（4）：104-117.

[6] 董晨宇，段采薏. 反向自我呈现：分手者在社交媒体中的自我消除行为研究［J］. 新闻记者，2020（5）：14-24.

[7] 钱姣姣，郝永华. 互动仪式链视角下虚拟社群的情感能量研究：以三个豆瓣购物组为例［J］. 新媒体研究，2021，7（14）：33-35.

[8] 强月新，肖迪. "隐私悖论"源于过度自信？隐私素养的主客观差距对自我表露的影响研究［J］. 新闻界，2021（6）：39-51，64.

[9] 龙晓旭. 虚拟社区的网络社会支持研究：以豆瓣小组"保护内向者联盟"为例［J］. 新媒体研究，2021，7（20）：96-99.

[10] 梅夏英. 在分享和控制之间数据保护的私法局限和公共秩序构建［J］. 中外法学，2019，31（4）：845-870.

[11] 牛静，孟筱筱. 社交媒体信任对隐私风险感知和自我表露的影响：网络人际信任的中介效应［J］. 国际新闻界，2019，41（7）：91-109.

[12] 于宜民，张文宏. 现代性焦虑下个体的自我呈现［J］. 济南大学学报（社会科学版），2020，30（02）：112-122，159.

[13] 曾一果, 施晶晶. "在吗": 社交媒体的"云交往"实践与身份建构 [J]. 暨南学报（哲学社会科学版）, 2021, 43（9）: 24 – 34.

[14] 朱侯, 方清燕. 社会化媒体用户隐私计算量化模型构建及隐私悖论均衡解验证 [J]. 数据分析与知识发现, 2021, 5（7）: 111 – 125.

[15] 郭婧一, 喻国明. 元宇宙新"入口": 智能网联汽车作为未来媒体的新样态 [J]. 传媒观察, 2022（06）: 17 – 21.

[16] 沈阳. 元宇宙的三化、三性和三能 [J]. 传媒, 2022（14）: 21 – 22.

[17] 赵云泽, 刘珍. 情绪传播: 概念、原理及在新闻传播学研究中的地位 [J]. 编辑之友, 2020（01）: 51 – 57.

[18] 赵云泽, 王怀东. 公众情绪传播的社会实践性和客观性研究 [J]. 新闻与写作, 2021（08）: 5 – 11.

[19] 刘琼, 马文婷, 范一欣. 短视频平台突发公共事件的网络情绪呈现及舆情治理: 以 Bilibili 网站"新冠疫情"议题为例 [J]. 电子政务, 2021（6）: 52 – 65.

[20] 刁生富, 刘晓慧. 盛行与焦虑: 刷屏的技术文化哲学反思 [J]. 西南民族大学学报（人文社科版）, 2019（10）: 58 – 62.

[21] 隋岩, 李燕. 论网络语言对个体情绪社会化传播的作用 [J]. 国际新闻界, 2020（01）: 79 – 98.

[22] 唐雪梅. 社会化媒体情绪化信息传播研究的理论述评 [J]. 现代情报, 2019, 39（03）: 117.

[23] 赵岑, 郑国华. 新时代中国女排精神内涵与价值传承 [J]. 体育文化导刊, 2020（09）: 30.

[24] 朱代琼, 王国华. 基于社会情绪"扩音"机制的网络舆情传播分析: 以"红黄蓝幼儿园虐童事件"为例 [J]. 南民族大学学报（人文社科版）, 2019（3）: 146 – 153.

[25] 姬德强. 深度造假: 人工智能时代的视觉政治 [J]. 新闻大学, 2020（7）: 1 – 16.

外文著作

[1] Bucher, Taina, & Helmond, Anne. The Affordances of Social Media Platforms [M] //Jean Burgess, Thomas Poell, and Alice Marwick. The SAGE Handbook of Social Media. London and New York: SAGE Publications Ltd, 2017.

[2] Brown, D., & Fiorella, S. Influence Marketing: How to Create, Manage, and Measure Brand Influencers in Social Media marketing [M]. Que Publishing, 2013.

[3] Rimé, B. Interpersonal Emotion Regulation [M] //J. J. Gross. Handbook of Emotion Regulation. New York, NY: Guilford Press, 2007.

外文期刊

[1] Devito M A. From editors to algorithms: a values-based approach to understanding story selection in the Facebook news feed [J]. Digital Journalism, 2017, 5 (6): 753-773.

[2] Jaidka, Kokil, Zhou, Alvin, & Lelkes, Yphtach. Brevity is the soul of twitter: the constraint affordance and political discussion [J]. Journal of Communication, 2019, 69 (4): 345-372.

[3] Shane-Simpson, Christina, Manago, Adriana, Gaggi, Naomi, & Gillespie-Lynch, Kristen. Why do college students prefer Facebook, Twitter, or Instagram? Site affordances, tensions between privacy and self-expression, and implications for social capital [J]. Computers in Human Behavior, 2018 (86): 276-288.

[4] Quan-Haase, A., Mendes, K., Ho, D., Lake, O., Nau, C., & Pieber, D. Mapping MeToo: a synthesis review of digital feminist research across social media platforms [J]. New Media & Society, 2021, 23 (6): 1700-1720.

[5] Hopster, J. Mutual affordances: the dynamics between social media and populism [J]. Media, Culture & Society, 2021, 43 (3): 551-560.

[6] Alrayes Fatma, Abdelmoty Alia, El-Geresy W, Theodorakopoulos G. Modelling perceived risks to personal privacy from location disclosure on online social networks [J]. International Journal of Geographical Information Science, 2019, 34 (3): 1-27.

[7] Bright Laura, Lim Hayoung, Logan, Kelty. "Should I Post or Ghost?": examining how privacy concerns impact social media engagement in US consumers [J]. Psychology & Marketing, 2021, 38 (5): 1-11.

[8] Catherine M. Ridings, David Gefen, Bay Arinze. Some antecedents and effects of trust in virtual communities [J]. The Journal of Strategic Information Systems, 2002, 11 (3): 271-295.

[9] Cho Hyunyi, Cannon Julie, Lopez Rachel, Li Wenbo. Social media literacy: a conceptual framework [J]. New Media & Society, 2022, 24 (1): 1-20.

[10] Das Ranjana, Hodkinson Paul. Affective coding: strategies of online steganography in fathers' mental health disclosure [J]. New Media & Society., 2019, 22 (5): 752-769.

[11] Fox Grace. "To protect my health or to protect my health privacy?" A mixed-methods investigation of the privacy paradox [J]. Journal of the Association for Information Science and Technology, 2020, 71 (2): 1-15.

[12] Hernandez R, Petronio S. Communication privacy management theory [J]. Current Opinion in Psychology, 2020 (31): 76-82.

[13] LiJingyu, Guo Fu, Qu Qing-Xing, Hao Deming. How does perceived overload in

mobile social media influence users' passive usage intentions? considering the mediating roles of privacy concerns and social media fatigue [J]. International Journal of Human-Computer Interaction, 2021, 38 (10): 1 – 10.

[14] Lutz Christoph, Hoffmann Christian, Ranzini Giulia. Data capitalism and the user: An exploration of privacy cynicism in Germany [J]. New Media & Society, 2020 (22): 1168 – 1187.

[15] Meeus Anneleen, Beullen Kathleen, Eggermont Steven. Like me (please?): connecting online self-presentation to pre- and early adolescents' self-esteem [J]. New Media & Society, 2019, 21 (3): 2386 – 2403.

[16] Ranzini Giulia, Newlands Gemma, Lutz Christoph. Sharenting, peer influence, and privacy concerns: a study on the instagram-sharing behaviors of parents in the United Kingdom [J]. Social Media&Society, 2020, 6 (4): 1 – 13.

[17] Sarabia-Sánchez Francisco, Aguado Juan, Martínez Inmaculada. Privacy paradox in the mobile environment: The influence of the emotions [J]. El Profesional de la Información, 2019, 28 (2): 1 – 11.

[18] Van Dijck José. Seeing the forest for the trees: visualizing platformization and its governance [J]. New Media & Society, 2020 (23): 1 – 19.

[19] Yu Lu, Li He, He Wu, et al. A meta-analysis to explore privacy cognition and information disclosure of internet users [J]. International Journal of Information Management, 2019, 51 (1): 1 – 10.

[20] Li, Y., & Peng, Y. What drives gift-giving intention in live streaming? the perspectives of emotional attachment and flow experience [J]. International Journal of Human-Computer Interaction, 2021, 37 (14): 1317 – 1329.

[21] Lin, L. C. S. Virtual gift donation on live streaming apps: the moderating effect of social presence [J]. Communication Research and Practice, 2021, 7 (2): 173 – 188.

[22] Lin, Y., Yao, D., & Chen, X. Happiness begets money: emotion and engagement in live streaming [J]. Journal of Marketing Research, 2021, 58 (3): 417 – 438.

[23] Elizabeth McManus, Deborah Talmi, Hamied Haroon, Nils Muhlert. The effects of psychosocial stress on item, cued-pair and emotional memory [J]. European Journal of Neuroscience, 2022 (55): 2612 – 2631.

后　记

"社交媒体"的发展实质上早已颠覆了传统意义上对于媒体的界定，它不仅仅是提供内容产品，而且是深度绑定社交，是广泛意义上的人们的"社会交往工具"，因此对社交媒体的研究无疑是崭新的，人们需要从媒介技术、社会思潮、阶层结构、商业模式、隐私风险等多个维度去理解社交媒体，以及通过社交媒体进行的社会交往活动。本教材旨在给社交媒体的研究者提供一个认知的基本框架。教材集合学界和业界资深的从业者多年来的研究成果编写成十讲内容，这十讲内容彼此独立，又自成体系，可以成为研究者一个开启探索之旅的入门读物。

教材的内容是集体智慧的结晶，具体收集内容及编写分工如下：

第一讲内容收集了赵云泽、张竞文、谢文静、俞炬昇的论文《"社会化媒体"还是"社交媒体"？——一组至关重要的概念的翻译和辨析》，以及赵云泽的论文《传统型媒体衰落的结构性原因》，并进行了修改，内容修改及编辑由赵国宁完成。

第二讲内容收集了赵国宁的博士论文《中国互联网媒介内容分发算法衍变研究》第三章的内容，以及赵云泽的论文《网络舆论工具形成背后的逻辑》，并进行了修改，内容修改和编辑由赵国宁完成。

第三讲内容收集了赵云泽、薛婷予的论文《社交媒体中的"信息偶遇"行为研究——解决"信息茧房"问题的一种视角》，并进行了一定的修改，内容修改和编辑由薛婷予完成。

第四讲内容收集了赵云泽、付冰清的论文《当下中国网络话语权的社会阶层结构分析》，并进行了一定的修改，内容修改和编辑由赵云泽完成。

第五讲内容收集了赵国宁的博士论文《中国互联网媒介内容分发算法衍变研究》的部分章节内容，并进行了一定的修改，内容修改和编辑由赵国宁完成。

第六讲内容"社交媒体风险社交研究"由王雨阳撰写完成。

第七讲内容收集了刘珍、赵云泽的论文《情绪传播的社会影响研究》，及赵云泽、薛婷予的论文《危机事件中恐慌情绪传播及群体认知研究》，有改动，内容修改及编辑由苗睿、薛婷予完成。

第八讲内容收集了赵云泽、赵国宁的论文《后现代主义视角下中国的媒介变革》，有改动，内容修改由赵国宁完成。

第九讲内容"社交媒体内容创作盈利模式"由付策旭撰写完成。

第十讲内容收集了黄怡静、赵云泽的论文《元宇宙背景下的新闻业发展趋势研究》，有改动，内容修改由赵国宁完成。

教材的统稿由赵云泽、赵国宁完成，全书校对和格式编辑由刘珍完成，杨雯棋对教材涉及的案例和数据进行了重新核查和确认。

教材的编写团队汇集了学界和业界的资深工作者，以下为编写人员简介：

赵云泽，中国人民大学新闻学院教授、博士生导师，教育部青年长江学者。

赵国宁，中国传媒大学传播研究院助理教授，中国人民大学博士研究生毕业。主要研究领域为新媒体与社会、算法研究、情感传播、新闻传播史论。

刘珍，北京印刷学院副教授，中国人民大学博士研究生毕业。主要研究领域为情绪传播、社交媒体研究、主题出版。

符策旭，北京快手科技公司公共事务经理，美国雪城大学公共关系学硕士，主要研究领域为情绪传播、危机传播等。

杨雯棋，快手融媒研修院负责人，也曾先后在腾讯新闻、腾讯视频从事相关运营工作，北京师范大学新闻与传播学硕士，关注媒体融合转型发展、媒体 MCN 构建、短视频平台运营方法论等。

薛婷予，中国人民大学新闻学博士研究生，主要研究领域为情绪传播、人际沟通、新闻史研究。

王雨阳，《新闻与写作》编辑，主要研究领域为社交媒体信息传播。

苗睿，中国人民大学新闻学院硕士研究生，主要研究领域为社交媒体信息传播、情绪传播。

教材虽然已经编撰完成，但是从内容选题到内容撰写、数据呈现等方面还存在很大不足，由于时效所限，新的内容只能待日后呈现，也恳请广大读者不吝赐教。